Der Frühlingswind kam über Nacht

Gedichte mit Humor und Esprit

Heike Wiezorek

Dorante Edition

Der Frühlingswind kam über Nacht

Gedichte mit Humor und Esprit

Heike Wiezorek

Bibliografische Information durch die Deutsche Nationalbibliothek: Die Deutsche Nationalbibliothek verzeichnet diese Publikation in der Deutschen Nationalbibliografie; detaillierte bibliografische Daten sind im Internet über http://dnb.d-nb.de abrufbar.

herausgegeben durch das Literaturpodium, Dorante Edition
Berlin 2022, www.literaturpodium.de
ISBN: 9783756229093

Foto auf der Vorderseite: Heike Wiezorek
Ruine des Hauses Weitmar mit dem Kubus-Neubau in Bochum,
Museum für Kunst

Herstellung und Verlag: BoD – Books on Demand, Norderstedt

Zur Einstimmung:

Gewonnen

Ein Kampf beginnt, das leere Blatt
scheint wie verhext, will bleiben leer.
Gedanken, die ich grad noch hatt,
sind alle fort, find sie nicht mehr.

Verspüre Unlust,
aufsteigenden Frust.
Womit fang ich an?
Und was passiert dann?
Muss Worte finden,
sie dann verbinden
zu einem Gedicht –
ich schaffe das nicht.

Wie dieses Blatt fühl ich mich leer,
doch plötzlich lächelt es mich an.
Die Worte sprudeln, immer mehr,
vertrieben ist der böse Bann.

(S)turmgedicht

Du, Turm, hast es mir angetan,
ich fühl mich ganz in deinem Bann.
Hoch thronst du über dem Ruhrtal,
bist unten breit und oben schmal.
Aus rauen Felsen grob verfügt,
kein Wind und Wetter dich verbiegt.

Die Stufen lief ich einst hinauf,
das Schwitzen nahm ich gern in Kauf,
denn oben wartete der Freund,
von dem ich immer schon geträumt.
Ein Herz mit Klaus zeigt an der Wand,
was uns an jenem Tag verband.
Der Traum verschwand, doch später
traf ich mein Glück, den Peter.
Wir beide wollten dort oben
uns wahre Treue geloben.
Ein Herz mit Peter an der Wand,
zeugt von dem Schwur, der uns verband.
So manches Herz kam noch hinzu,
du nahmst es auf mit großer Ruh.
Doch Leere kehrte in mich ein,
ich bin wie du, ich blieb allein.

Ein neuer Tag bringt neues Glück,
Klaus meldete sich heut zurück.
Die Stimme klang ihr so vertraut,
der Wunsch zum Treffen wurde laut.
Zum Turm, zu dir wir wollen gehn,
ist großer Höh uns wiedersehn.

Ich steh vor dir, ich seh dich an,
mein Herz pocht wild, er war der Mann,
mit dem ich leben wollt zu zweit.
Du zeugst davon aus jener Zeit.
Ich eil hinauf, spür Tritt für Tritt,
die Spannung wächst mit jedem Schritt.
Tret oben dann ins Sonnenlicht,
der Platz ist leer, Klaus find ich nicht.
Da, ein Geräusch im Treppenhaus,
ein Mann tritt vor, es ist nicht Klaus.
Er lächelt, er bleibt vor mir stehn,
den Alten hab ich nie gesehn.
Weiß ist sein Haar, braun sein Gesicht,
nein, diesen Menschen kenn ich nicht.
Er spricht mich an: „Wie geht es dir?"
Augen und Mund flüstern es mir.

Du, Turm, weißt, Jahre machen alt,
jung bleibt das Herz – wie dort gemalt.

Weh wird mir in Lockdowntagen ...
Nur ein Virus (Limerick)

Corona befiel einst die Menschheit,
Rezepte gab's nicht weit und breit.
So stiegen die Quoten
der Kranken und Toten.
Dem Virus, dem tat das nicht leid.

Weihnachten in der Coronazeit (2020)

Im Garten steht ein Wohnmobil,
verreisen soll man nicht,
gar festlich sieht es drinnen aus
mit Baum und Kerzenlicht.
Zu zweit wir feiern, welch Genuss,
doch später dann um sieben
gibt's 'ne Videokonferenz
mit allen, die wir lieben.

Guter Ratschlag

Die Feiertage sind vorbei
und damit auch die Schlemmerei.
Doch leider in der Pandemie
da wuchsen Röllchen wie noch nie.
Ich steh vorm Spiegel, seh mein Bild,
und plötzlich macht es mich ganz wild.
Die Waage raus, das muss jetzt sein,
der Zeiger steigt, auch meine Pein.
Ich blicke auf mein Schlachtgewicht,
das darf nicht sein, das will ich nicht.
Gleich morgen gibt's eine Diät,
der Liebste lächelnd vor mir steht:
„Was grämst du dich? Du brauchst doch nur
ein neues Outfit zur Figur."

Schnee in Coronatagen

Im Januar ist es so weit,
seit Jahren hat es mal geschneit.
Verzaubert eilen wir hinaus,
die Kälte macht uns gar nichts aus.
Zum Park wir gehn, im Freien nicht
herrscht die Coronamaskenpflicht.
Entfesselnd toben Alt und Jung,
der erste Schnee bringt neuen Schwung.
Zum Schlittenfahren, Schneemann bau'n,
zur Schneeballschlacht sich alle trau'n.

Dazu die Hunde – dreh'n manche Runde.

Nur einer kann nicht fröhlich sein,
er steht am Rand so ganz allein.
Der Schneemann ist's, der arme Wicht,
trägt eine Maske im Gesicht.

Friseurlos

Weh wird uns in Lockdowntagen,
wenn wir in den Spiegel schauen,
wie dereinst dem Herrenschopf
hinten wächst ein kleiner Zopf.
Schere her, ich muss mich trauen,
werd' den Kurzschnitt heute wagen.
– Doch den Liebsten hör ich klagen:
„Seht nur, Leute, schaut nur her,
habe keine Haare mehr!"

Beim Discounter

Den Großeinkauf in Lockdowntagen,
allein will ich ihn heute wagen.
Die Maske auf, zur Tür hinein,
mit einem Wagen, das muss sein.
Langsam schieb ich durch die Gänge,
werde Teil von dem Gedränge.
Alle suchen, viele fluchen.
Wo ist denn das Klopapier?
Gestern war es doch noch hier!
„Ausverkauft" steht auf dem Schild,
jemand drängelt vor mir wild,
eine Frau schreit auf gequält:
„Sieh, die Küchenrolle fehlt."
Packe Zucker, Kaffee ein
und dazu zwei Fläschchen Wein.
Obst, Gemüse, Käse, Wurst,
Bier und Wasser gegen Durst.
Sehe eine leere Gasse,
die führt hin direkt zur Kasse.
Plötzlich kommt von rechts ein Mann,
rempelt mich und faucht mich an:
„Abstand halten, geh zurück!"
„Nee, mein Lieber, hast kein Glück!"
Winke ab und schieb vorbei,
höre nicht auf sein Geschrei.
Zahl den Einkauf, eil hinaus,
seh' den Liebsten steh'n vorm Haus.

Einkauf in Coronatagen,
liegt mir ziemlich schwer im Magen.
Morgen ist der Liebste dran,
schaun wir mal, wie er das kann.

Corona im Herbst 2021

Irgendwann und irgendwie –
ist vorbei die Pandemie.
Doch leider flammt sie auf erneut.
Manch Jecker hat es sehr bereut,
weil er getanzt, gebützt, gelacht –
Corona hat das Spaß gemacht.

So steigen die Quoten der Kranken und Toten …

Laut ruft und mahnt die Wissenschaft:
„Nur Impfen hilft als Gegenkraft!"
Mehr wird geboostert, doch leider
gibt's allzu viele Impfvermeider.
Sie demonstrieren für ihr Recht,
Corona findet das nicht schlecht.

So steigen die Quoten der Kranken und Toten …

Ein Aufschrei geht durch die Nation
beim Bild von Bayerns Stadion.
In Köln und Dortmund jubeln Fans,
was sagt dazu die Inzidenz?

Sie steigert sich ganz fürchterlich …

Die Politik wirkt wie erstarrt.
Das Wahlergebnis hielt parat
ein neues Bündnis – wer probt mit
im Kabinett den Wechselschritt?

Die alte Crew voll Demut nennt
was schlecht gelaufen, was jetzt brennt.
Die neue braucht zu lange Zeit,

eh sie zum Handeln ist bereit.
Die Länderchefs seh'n grimmig ein,
sie steh'n da wieder mal allein.
Verordnungen erlassen sie,
doch wirken die nur irgendwie.
Das Weihnachtsfest ist nicht mehr weit,
die Bürger sind den Hickhack leid.
Sie fordern auf die Politik:
„Zerfleischt euch nicht, lasst die Kritik.
Haut endlich rein, ihr seid gewählt,
die klare Kante jetzt nur zählt!"
Da endlich kommt der Schulterschluss,
für Ungeimpfte gibt's Verdruss,
für sie sofort gilt der Lockdown.
Geimpfte blicken voll Vertrauen
auf die 2Gplus-Strategie,
die mitzutragen loben sie.
Und siehe da, zum ersten Mal
sinkt leicht die Inzidenzenzahl.

Irgendwann

So wie strahlt das Sonnenlicht
wächst in mir die Zuversicht:
Irgendwann und irgendwie
ist im Griff die Pandemie.

Freu mich schon auf jenen Morgen,
wenn ich aufwach ohne Sorgen.
Werd dann meine Enkel herzen
und mit Freunden kräftig scherzen.

Glaube an das Sonnenlicht,
das mir schenkt die Zuversicht.

(Bochumer) Schwärmerei

Kehr ich heim von einer Reise,
spüre ich, wie du mich grüßt,
filigran erscheint dein Äuß'res,
himmelhoch strebt das Gerüst.
Sauber grün strahlst du von Weitem,
kamst von Dortmund zu uns her.
Im Gebäude führt der Fahlstuhl
nieder in die Grubenwelt,
Kohleabbau ist Geschichte,
wird dort beispielhaft erzählt.

Kehr ich heim von einer Reise,
spüre ich Zufriedenheit,
lebe gerne hier in Bochum,
stell ich fest voll Dankbarkeit.

Glückauf!

Abgefahren

Beide standen sie am Bahnsteig,
hielten fest, was nicht zu halten war,
lösten sich, lautlos entwich ihr Kuss.
Ratternd nahm der Zug die Liebste fort
und die Träume schwebten hinterher.

Leere blieb bei ihm am Bahnsteig,
Trübsal überflog ihn nebelgleich,
Doch die Technik summte sanft ihn wach –
leise hörte er die Liebste,
die ihm seine Freiheit wiedergab.

Abschiedslied

Du, meine kleine Dichterklause,
warst 14 Jahre mein Zuhause.
Bei dir ich fand viel Harmonie,
die führte mich zur Poesie.
Gereimt hab ich munter drauflos;
doch mehr noch aus der Feder floss:
Geschichten, mit Humor gespickt,
auch Krimis, mörderisch-verzwickt.
Kurzum: In deinen Räumen war
mein Leben einfach wunderbar.

Doch dann kam die Wende – das bittere Ende.

Ein ätzender Schimmelgestank
war plötzlich da, machte mich krank.
Hab mich gemeldet, mich gezofft,
auf rasche Abhilfe gehofft.
Heut weiß ich, warum nichts geschah,
dein Abrisstermin war sehr nah.
Hier entsteht jetzt Schritt für Schritt
ein Neubau, der bringt mehr Profit.

Du bleibst verseucht, welch Trauerspiel,
mir bot der Liebste an Asyl.
Ich zog zu ihm nach Wattenscheid,
dein Schicksal aber tut mir leid,
denn du, du meine Dichterklause,
warst vierzehn Jahre mein Zuhause

Entwarnung

Eins, zwei, drei, der Umzug ist vorbei.
Erledigt auch die Schlepperei,
das Einrichten mit Allerlei,
vorbei, vorbei, vorbei!

Stattdessen diese Dichterklause
ab heute ist sie mein Zuhause.
Dem Liebsten sei, vier, fünf, sechs, sieben,
gereimt ein Dankeschön geschrieben.

(Ab)serviert

Einst hörte sie in Kindertagen:
„Die Liebe geht erst durch den Magen!"

Sie nickt lächelnd und putzt dabei
Gemüsesorten „Allerlei."
In einem Topf sie es blanchiert,
die Koteletts hat sie schon paniert.

Kartoffeln und das Fleisch brät sie,
im Innern spürt sie Harmonie.
Den Nachtisch sie noch rühren muss,
dabei denkt sie an einen Kuss.

Sie ist beschwingt, räumt schleunigst auf,
er eilt zu ihr die Stufen rauf.
Sie schaut ihn an bei Kerzenschein,
und nippt verträumt am roten Wein.

In ihr entfacht sich eine Glut,
er beugt sich vor, er riecht so gut.
Doch da schrillt laut sei Telefon,
er lauscht, stöhnt auf: „Ich komm ja schon!"

Das Resümee von diesem Abend:
Der Magen jauchzt, das Herz bleibt darbend.

Adventsbrauch unter Freunden

Ein alter Brauch zur Weihnachtszeit war so mir nicht bekannt,
ich forschte nach im Internet, wo ich das „Wichteln" fand.
Beherzt schrieb ich die Freunde an, lud sie als „Wichtel" ein,
so kam von jedem ein Geschenk in Niklaus Sack hinein.

Was ich auswählte, sei erwähnt, den Engel von dem Peer,
entsorgen wollte ich ihn hier, Freund Peer gab's lang nicht mehr.

Die Wichtel schäumten über, sie hatten großen Spaß,
der Tim bekam die Schönheitscreme, der Knut ein Gurkenglas.
Und Johnny hielt Topflappen hoch, klar war'n die selbst gemacht,
die Ute zeigte Rasierschaum – nur ich hab nicht gelacht.

Ich unterdrückte einen Schrei: Peers Engel kam zurück.
„Ein Schutzengel", rief Johnny laut, „du hast vielleicht ein Glück!"

Allmählich

Wärme spürt sie in dem Herzen,
Tränen nässen ihr Gesicht,
er ist viel zu früh gestorben –
zögernd wächst die Zuversicht.

Hat ein neues Heim gefunden,
atemlos blickt sie sich um,
spürt die Nähe, sieht sein Nicken,
doch sein Mund bleibt leider stumm.
„Weißt du noch, wie wir einst schwärmten
von dem flackernden Kamin?
Von der kleinen Dichterecke,
schau, das steckt hier alles drin."

Und sie spürt in ihrem Herzen,
wie ihr wächst der Lebensmut.
sicher würd ihm das gefallen,
der Gedanke tut ihr gut.

Ameisenlicht

Der Frühlingswind kam über Nacht,
ein Blütenmeer hat sich entfacht,
so bunt, so hübsch im Sonnenlicht,
Herr Ameise bemerkt das nicht.

Er ist erbost über das Geld,
das ihm am Monatsende fehlt.
Der Aufschwung kommt nur oben an,
ein Streik vielleicht das ändern kann.

Gewerkschaften tauchen hier auf,
lenken geschickt den Streikverlauf.
Die Arbeitgeber sind entsetzt,
wie man rundum die Messer wetzt.

Am Ende folgt die Einigung,
doch wem beschert sie neuen Schwung?
Da sieht erschrocken Herr Ameise,
es steigen kräftig alle Preise.

Und auch die Steuern drücken hart,
die gehen leider an den Staat.
Doch der hebt schnell Diäten an,
nur bluten muss der kleine Mann.

Und die Moral von dem Gedicht:
Herr Ameise, wehre dich nicht,
Du warst und bleibst das kleine Licht.

Anekdote vom …

Der kleine Kobold, „Imp" genannt,
fuhr, von dem Teufel einst gesandt,
zur Kathedrale von Lincoln,
wo seine Späße überquolln.

Besucher, im Gebet vertieft,
hat heiß und kalt er angeschnieft.
Den Bischof zwickte er ins Bein,
der kämpfte nicht, erlitt die Pein.
Der Gipfel war jedoch der Krach,
als er das Fensterglas zerbrach.

Da schob ein Engel ihn zur Wand,
dort grinst er jetzt, in Stein gebannt.

Anruf genügt ...

Das Leistungsteam „Dynamisch"
warb auf einem Zettel groß:
„Bist du in Not, vielleicht mal krank,
wähl diese Nummer bloß!"

Der Nachbar hat es ausprobiert,
sie waren gleich zur Stell.
Sie kochten, saugten, scheuerten,
der Haushalt blitzte schnell.
Den Garten richteten sie her,
die Stauden pflanzten sie,
der Weg, total stark aufgewellt,
war eben wie noch nie.
„Wie Heinzelmännchen schafften sie",
der Nachbar schwärmte leis.
Am Abend staunte er nicht schlecht,
es stimmte auch der Preis.

Doch später er sehr bald begriff:
Das Team konnte noch mehr.
Die Polizei, die er anrief,
die kam auch gleich daher.
Denn Bargeld fehlte und oh, Schreck,
sein Auto, das war auch noch weg.

Und die Moral von dem Gedicht:
Trau fremden Heinzelmännchen nicht,
sonst wirst du sein ein armer Wicht.

Auf dem Weihnachtsmarkt

Glockenklang und Weihnachtslieder,
bunte Lichter strahlen wieder.
Budenzauber, enge Gänge
und dazwischen welch Gedränge.

Jeder nascht, mampft und probiert,
Duftgemisch dazu verführt:
Mandelkerne frisch gebrannt.
Champignons gegart in Schmand.
Reibekuchen, Currywurst.
Glühwein, Bier löscht großen Durst.
Jeder weiß, wie es hier wäre:
Ohne Weihnachtsmarkt die Leere.
Auch ich schleiche durch die Gänge,
werde Teil vom Gedränge,
schlürfe Glühwein mit Vergnügen,
schnell die Tage so verfliegen.

Ist das Fest da, kommt die Wende:
Jeder kehrt beschwingt nach Haus,
Weihnachtsmarkt ist dann zu Ende,
alle Lichter gehn dort aus.

Aufbruch

Es ist, als ob die Erde
sich putzt im Sonnenschein,
die Sehnsucht wächst, es werde
zart grün die Landschaft sein.

Die Osterglocken blühen,
die Veilchen stehn am Bach,
die Weidekätzchen sprühen,
das Bienenvolk erwacht.

Und Vögel trillern Lieder,
das klingt fast wie im Chor,
sie putzen ihr Gefieder,
das Balzen steht bevor.

Am Ostermorgen streben,
die Menschen zur Natur,
erleichtert zu erleben,
das Aus der Fastenkur.

Stolz sieht man auf die Lieben,
streicht zärtlich übers Haar,
die Kälte ist vertrieben,
ein Schmetterling ist da.

(Auf)räumen

Her mit einer Abfalltonne –
will entsorgen mit viel Wonne:
Eine Pike und die Brechnuss –
das ist heute mein Entschluss.
Streng genommen will ich nicht –
schreiben hier ein Mordgedicht.
Möchte stattdessen Liebe naschen –
einen Kuss von dir erhaschen,
einfach sehn, wie deine Lippen –
Wein aus meinem Glase nippen.
Leider darf ich hier nur träumen –
muss das Feld der andren räumen.
Denn du machst mit meiner Base –
eine Reise zur Oase.

Spür jetzt doch ein leises Schwanken –
hinsichtlich der Mordgedanken.

Aufschwung

In einem Herrenmagazin
stand einst ein guter Ratschlag drin:

„Bist du am Abend müd und platt,
nimm deine Hemden, plätt sie glatt.
Schon bald wirst du dabei erleben,
wie die Probleme sanft entschweben."

Er folgte diesem guten Rat,
sie sah gelassen seine Tat.
Entspannte sich mit Übungen
bequem liegend nach Jakobsen.
Die Partnerschaft erglühte neu,
mit Händchenhalten ohne Scheu.

Sie dachte nach und sah genau:
Der Ratschlag kam von einer Frau.

Aus der Malstube

Teil 1

Ostersamstag ist gekommen,
wer hat sich was vorgenommen?
Häschen Hans und Häschen Liese
hoppeln zügig durch die Wiese,
schnell zur Hasenschule rüber,
wo die Häschen wie im Fieber
Ostereier bunt bemalen,
Lehrer Lampes Augen strahlen.
Häschen Hans lächelt verzückt,
weil ihm etwas gut geglückt.

Wenn der Lehrer nimmt die Brille,
schreit er laut: „Seid sofort stille!
Seht nur die Bescherung an,
wer hat mir das angetan?"

Rot und Grün die Gläser strahlen,
still die Häschen weiter malen,
tauchen flink die Pinsel ein –
keiner will's gewesen sein.
Nur das Hänschen denkt verzückt:
Ihm ist dieser Streich geglückt.

Aus der Malschule

Teil 2

Jemand hinten holt den Kleber,
streicht mit einem Pinsel drüber,
in der Mitte übers Ei,
klebt darauf so allerlei.
Häschen Liese ist entzückt,
weil ihr das so gut geglückt.

Schleifen, Bänder, wie kunstvoll,
Lehrer Lampe meint: „Wie toll!
Legt sie in den Korb hinein!"
Doch dann fängt er an zu schrein:
„Seht nur die Bescherung an,
wer hat mir das angetan?"
Und er hebt die rechte Pfote,
an ihr klebt das Ei, das rote.

Alle Häschen weitermalen,
ihre Eier bunt erstrahlen,
tauchen flink die Pinsel ein –
keiner will's gewesen sein.
Doch die Liese denkt verzückt:
Ihr ist auch ein Streich geglückt.

Aus der Malstube

Teil 3

Osterei aus Schokolade,
Häschen Hans verspeist es grade.
Labsal er sogleich verspürt,
rekelt sich ganz ungeniert.

Lehrer Lampe böse schaut:
„Wer hat hier ein Ei geklaut?"
Alle Häschen weitermalen,
Ostereier bunt erstrahlen,
tauchen flink die Pinsel ein –
keiner will's gewesen sein.
Häschen Hans fühlt plötzlich
starke Schmerzen innerlich.
Krümmt sich hin und krümmt sich her,
auch das Sitzen fällt ihm schwer.

Lehrer Lampe lächelt jetzt,
niemand hat Hänschen verpetzt.
Und er lobt sie alle recht,
doch dem Hänschen geht es schlecht.

Zwei Tage war das Hänschen krank,
nun nascht er wieder, Gott sei Dank.

Bankraub, Limerick

Es wollte ein Mann einst in Lingen,
per Bankraub viel Euros erzwingen.
Doch stolperte er,
das war sein Malheur,
jetzt darf er im Bau lange singen.

Bekenntnis

Der Mensch greift stets zum Geld, zur Macht,
dabei die Gier nach mehr erwacht.
Er eilt voran, ihm ist's egal,
ob alle Mittel sind legal.

Da fährt er plötzlich sich durchs Haar,
ob dieses Streben richtig war?
Er kämpft mit sich, es wird ihm heiß,
„zum Teufel", flüstert er ganz leis.
„ein Engel bin ich wirklich nicht,
das ‚Weiter so' ist meine Pflicht,
auch wenn man übel von mir spricht."

Ob Freund, ob Feind, bald jeder weiß,
da öffnet sich ein Teufelskreis.

Bereit für die Weihnachtszeit

Hoch oben in dem Tannenbaum
schwach blinkt ein Stern, man sieht ihn kaum.

Es leuchten die Kerzen,
die Kugeln, die Herzen,
und Weihnachtsduft
schwebt in der Luft.
Woll'n trinken und naschen,
Geschenke erhaschen.

So lebt der alte Weihnachtsbrauch,
die Freude wächst und auch der Bauch.

Besinnliche Zeit

Oh, welch herrliche Gerüche
strömen aus der Weihnachtsküche.
Vanillekipferl im Advent,
seht, auch das vierte Lichtlein brennt.

Kerzenschein steigert die Stimmung,
Kindheitsträume, die Erinn'rung.
Alt und Jung singen mal wieder
laut und falsch die Weihnachtslieder.

Tradition wird groß geschrieben,
Heiligabend, Wunsch der Lieben:
Essen, trinken und bescheren,
fröhlich Klein und Groß zuhören.

Bissig

Ein Jäger nicht ganz nüchtern war,
als er im Wald den Rehbock sah.
Gradewegs in dem Moment
griffen ihn an ganz ungehemmt
Flohsprösslinge, die – zwar noch klein –
erwischten ihn an Arm und Bein.
Die Knarre fiel ihm aus der Hand,
entsetzt er sich im Flohtanz wand.

Und auch die Flöhe tanzten mit,
der Alkohol machte sie fit.
Dem Rehbock sträubte sich das Fell,
als er den Wald verließ ganz schnell.

„Sieh da", sprach er, „das Jägerlein
kann heute kaum mein Schicksal sein."

Bochum, trotzdem

Zynisch lässt sich wohl behaupten,
wirst nie eine Weltstadt sein,
doch bei näherem Betrachten
fällt mir tröstend Großes ein:

Warst geprägt von harter Arbeit,
Bergbau und Stahlproduktion,
dann der Spruch „Bochum im Wandel"
zeigt die neue Dimension:
Forschung, Handel und Verwaltung
prägen deine Arbeitswelt,
Schmutz, Gestank ist heut Geschichte,
die Behauptung nicht mehr zählt.
Der Ruhrstausee ist ein Joker,
überall regiert Natur
und du hast noch mehr zu bieten,
beispielsweise viel Kultur.

Bochum, bist zwar keine Weltstadt,
doch man spürt: „Hier kocht der Pott",
dein Humor und deine Tatkraft
geben Schwung und machen flott.

Bruch

Die Morgenröte ihr versprach,
das wird ihr allerschönster Tag
– in ihrem neuen Leben.

Ihr Liebster hatte bald erkannt,
in welche Falle er gerannt
– sein Hasenherz tat beben.

Sie sah die Blumen als Brautstrauß,
er schlich sich leise aus dem Haus
– wollt die Gefahr vermeiden.

So seufzte er ins Telefon:
„Beende hier die Liaison
– kann Brautsträuße nicht leiden.

Bumerang (Limerick)

Ein Bumerang flog in Saarbrücken,
der Flug schien so richtig zu glücken.
Der Werfer jedoch
tat zweifeln dennoch,
da musst er sich plötzlich tief bücken.

Chorlieder (Limerick)

Es wollte ein Chorleiter aus Bingen
Chorlieder nach USA bringen.
Das Schiff stach in See,
doch sank es, oh weh,
jetzt lehrt der die Fische das Singen.

Claude Monet, 1840 – 1926

Im „Grand Palais" einst in Paris
ich auf den Maler Monet stieß.
Er war ein echtes Urgestein,
der manchen neuen Weg schlug ein.

Das Bild „Le Havre Impression"
zeigt einen Fluss im blauen Ton,
der fahl sich mit dem Himmel mischt,
ein Feuerball alles auffrischt.
„Sonnenaufgang" wurd es genannt,
Impressionismus so entstand.

Der Landschaft blieb er auf der Spur,
vor Ort er malte die Natur.

Die Frauen mochte er, malte sie
voll Eleganz und Harmonie,
die stets verströmten Müßigkeit,
die heile Welt, die gute Zeit.

Er schuf die Serienmalerei,
der Lichteinfall half ihm dabei.
Die „Heuschober" zur Mittagszeit,
im Winter strahlen sie verschneit.
Am Morgen wirken sie leicht blass,
am Abend rot gefärbt etwas.

Bis Ende 40 kämpfte er,
die Malerei gab kaum was her.
Egal, er blieb bei seinem Stil,
er sah sich um und malte viel.

Dann kam der Durchbruch über Nacht,
der ihm hat Ruhm und Geld gebracht.
Seitdem kann man die Bilder sehn
in Gallerien und den Museen.

Sein Meisterwerk, das spät entstand,
die „Seerosen", die wohl bekannt,
wo Blüten schweben wie im Tanz
im Farbenmeer und Lichterglanz.

Du bist gespannt, möchtest sie sehn?
Eil nach Paris, dort wunderschön
im Keller der Orangerie
von allen Wänden leuchten sie.

Doch hast du leider keine Zeit,
das Netz hält Bilder dir bereit.
Stichwort: Claude Monet, Bilder.

Damals, als ...

Damals, als der Tag verblasste,
als sie gingen Hand in Hand,
Leidenschaft sie tief erfasste,
Küsse löschten ihren Brand.

Damals, als die Sorgen drohten,
hielten sie sich fest,
sie zu zweit Paroli boten,
etwas Glück schaffte den Rest.

Damals, als ihr galt das Streben,
nach Gesundheit, wie man schrieb,
kam der Tod, nahm ihr das Leben,
große Trauer ihm nur blieb.

Danach

Weihnachtsfeiern, süße Stunden,
heute kämpf ich mit den Pfunden.

In mir kracht und pocht es wild,
sehe ich mein Spiegelbild.
Aus, vorbei mit Gänsebraten,
Hühnerfleisch wird mir geraten.
Obst, Gemüse soll ich essen,
alles Leckere vergessen.
Nicht bestaunen das Schneetreiben,
schippen, in Bewegung bleiben.

Weihnachtsfeiern, süße Stunden,
schade, dass ihr seid verschwunden.

Der Ball ist rund

„Wo sind die Tore, sind die Taten,
man hat euch doch so sehr gelobt!
Wir wollen jetzt nicht länger warten!"
Im Stadion der Fanclub tobt:

Mit Grölen und Singen – die Fahnen hoch schwingen!

Dann kommt der Ansporn:
„Lauft schneller nach vorn
und gebt endlich ab!
Puh, das war sehr knapp!
Den Ball nicht dort hin,
das ist doch Schwachsinn!
Passt auf vor dem Tor,
die Abwehr muss vor!"

Laut schreien, laut singen – den Gegner bezwingen!

Die Spannung bleibt, bis kurz vorm Ende
kommt eine hohe Flanke an.
Damit beginnt die große Wende:
Ein Eigentor vom besten Mann.

Der erste Kuss

Es war in einer Maiennacht:
Er roch so gut nach frischem Heu,
sie nahm ihn wahr, lauschte dabei
dem tiefen Klang, dem rauen Ton,
dem leisen Satz: „Da bin ich schon!"
Sein fester Griff gab ihr den Halt,
die Wogen rasten heiß und kalt,
durchströmten beide mit Genuss,
wie gut er tat, der erste Kuss.

Seitdem hat jene Maiennacht,
den beiden Lust und Glück gebracht.

Der erste Tag nach der OP

Mein rechtes Knie sticht wie verrückt,
hab mich daheim ins Bett verdrückt.
Der Regen knallt auf unser Dach,
ich dreh mich um, ich liege wach.
Ein leichtes Sehnen stellt sich ein,
möchte weit fort im Urlaub sein.
Genießen Sonnenbad und Strand –
ich starr zur Decke wie gebannt.
Italien, wäre ideal –
ein Stich ins Knie – oh, welche Qual ...

Der Neue

Leise schlich er sich von dannen,
nahm die Wärme auch gleich mit
und bevor wir uns besannen,
kam der Herbst mit schnellem Schritt.

Ließ uns freudig Früchte ernten,
strahlte alles golden an,
doch nach kurzer Zeit wir lernten,
Herbst, er war ein wilder Mann.

Stürme tobten, Wolken jagten,
Regen prasselte herab,
wenn wir uns nach draußen wagten,
Nebel, Kälte uns umgab.

Herbst, wir trotzen deinem Treiben,
treffen uns bei Kerzenschein,
Freunde, lasst uns fröhlich bleiben,
Weihnachten schneit bald herein.

Der Zauberstern

Oft hält er an, sieht ganz entsetzt,
wie sehr der Mensch den Menschen verletzt.
er will das ändern, weiß auch wie,
man kommt zum Ziel, der Harmonie.

Frohsinn und Zeit lässt er versprühn,
Gleichmut und Hass sich schnell verziehn.
Er bläht sich auf, er leuchtet hell,
Sorgen und Ängste schwinden schnell.
Der Mensch blickt auf das helle Licht,
Lächeln verschönt sein Angesicht.
Danach ertönt ein lautes Lachen,
das alle einlädt, mitzumachen.

Der kleine Stern funkelt zufrieden,
denn wo man lacht, wird Streit vermieden.

Designerklo

Er hat ein neues Klo kreiert:
Ein Raumfahrtschiff den Deckel ziert.
Hebt man ihn hoch: Gewitterfront,
ein Kugelblitz erstrahlt gekonnt.
Und auf der Brille bunt erblühn
sehr viele Blumen mit viel Grün.
Der Schüsselgrund ist gelb bemalt,
darauf in schwarzer Schrift erstrahlt:
„Ich pflege weiter diesen Stil,
Kritik bedeutet mir nicht viel."

Dichterleid, Limerick

Es lebte ein Dichter in Stade,
der hatte ne Schreibblockade.
Er quälte sich sehr,
das Blatt blieb doch leer,
da fiel es bei ihm in Ungnade.

Drei „Gs" (Geld, Gier, Gerechtigkeit)

Aufruhr, Feuer leuchten hell,
schickt die Steuerfahnder schnell
zu den Steuersündern hin,
ehe sie von dannen ziehn.

Wolken wirbeln, platzen laut.
„Der" hat auch den Staat beklaut?
Manches Vorbild, frei im Fall,
Gier nach Geld herrscht überall.

Trösten, stützen wird man nicht,
wenn enttarnt der Bösewicht.
An den Kragen soll's ihm gehn,
ins Gefängnis, wär das schön!

Sitzen, schmachten eine Zeit,
das wär die Gerechtigkeit.
Einsam bleibt sein Pit zurück,
traurig wirkt der Hundeblick.

Frühlingsbild, Narzissen blühn,
neuer Zauber, frisches Grün.
Lieber Staat, denk endlich dran,
schröpf nicht nur den kleinen Mann.
Solltest schleunigst neu bedenken,
Mehrwertsteuer wieder senken.

Duftende Wünsche

Ich binde einen Rosenstrauß
aus großen gelben Blüten.
Ihr süßer Duft breitet sich aus,
soll immer dich behüten:

Vor einer Krankheit,
vor Kummer und Leid.
Vor allem Schlechten
und Ungerechten.

Ich füge diesem Rosenstrauß
noch rote Blüten hinzu.
Mehr Duft breitet sich ringsum aus,
lässt spüren dich im Nu:

Zusammen zu gehn
ist aufregend schön.
Birgt Liebe und Glück,
weist Böses zurück.

Ich reiche dir den Blumenstrauß,
hab ihn für dich gebunden.
Die Wünsche breiten sich gleich aus
als Dank für schöne Stunden.

Ei, ei, wer tanzt denn da ...

Tief in der dunklen Nacht war es, im Blockhaus dicht am Meer.
Ein Rascheln hatte mich geweckt, es kam vom Esstisch her.
Ich lauschte, schwitzte überall, was mochte das wohl sein?
Entschlossen griff ich nach dem Licht und schaltete es ein.
Sofort war es mucksmäuschenstill, doch nur für kurze Zeit,
drei Mäuse flüchteten danach, ab in die Dunkelheit.
Ein letztes Rascheln und Gepiepse, ich schaute auf den Tisch,
der übersät war mit Papier und Mäuseködeln, frisch.
Als auf den Boden schwebte noch das letzte Stück Papier,
da wusste ich, den Mäusetanz wollt ich nicht dulden hier.
Der Kater Tom von nebenan, den ich ins Haus einlud,
der mochte gleich die Art von Tanz, den Mäusen tat's nicht gut.

Ei, ei, wer wühlt denn da?

Im Garten wächst das Liebeskraut,
das plötzlich welkt und alt ausschaut.
Denn an den Wurzeln nagt die Maus,
betört ist sie vom Liebesschmaus.
Wie sehr, beweist die Mäuseschar,
die sie dem Mäuserich gebar.

Wenn es im Garten windig wird,
das kranke Kraut den Halt verliert.
Ein Pflanzendoktor, wohl bekannt,
als Koryphäe oft genannt,
vertreibt die Mäuse mit Magie –
das stört die Nachbarn, irgendwie.

Eigenwillig

Heute ist ihr Pflegetag,
Pudel Tina den nicht mag.
Doch ihr Sträuben hilft hier nicht,
Frauchen ist nur drauf erpicht
zu erreichen den Salon,
wo die Wanne wartet schon.

Eingeschmiert mit Magerquark,
damit wird der Haarwuchs stark,
wieder schnell ins Wasser rein,
„Tina, ruhig, das muss sein.
Nur noch etwas Rosenduft",
schmeichelnd Frauchen ihr zuruft.

Abgerieben, frisch frisiert,
Tina nichts mehr interessiert,
wie im Trance, so steht sie da,
Frauchen lobt sie: „Wunderbar!"

Doch da wacht die Tina auf,
eilt vom Tisch im schnellen Lauf,
sie rast an die frische Luft,
Frauchen sie vergeblich ruft.

Draußen ist die Hölle los,
Tina wird auf einmal groß.
Sie spürt gleich, der Platzregen,
kommt ihr wunderbar entgegen.

Aus, vorbei mit Rosenduft,
was auch immer Frauchen ruft!
Schlau wälzt sie sich mit viel Schwung,
hin und her im Pferdedung.

Frauchen ist total empört,
Tina das nicht weiter stört.

Ein „ehrenwertes" Haus

Friede, Freude, Eierkuchen
findet sie nach langem Suchen:

Über ihr wohnt Karin Rider,
diese ist weiß Gott nicht bieder,
Männer, Musik, Feierei,
das geht oft bis nachts halb drei.

Nachbar Krause ist ein Stinker,
Knoblauchfresser und Biertrinker.
Schimpft und feixt und bechert laut,
seine Frau verhuscht ausschaut.

Unter ihr haust Oma Matzen
mit drei großen Siamkatzen.
Wenn die Wohnungstür aufgeht,
Tiermief ihr entgegen weht.
Katzenhaare flauschig, fein,
bringen ihr die große Pein.

Trotzdem will sie bleiben hier,
schuld daran ist ihr Klavier.
Kann viel spielen, unverzagt,
laut und falsch, da niemand klagt.

Eins und eins macht drei

Die hohen Tiere trafen sich
in einem großen Saal,
des Nachts, sie rangen fürchterlich,
Gesundheit hieß die Qual.

Die Roten schmollten,
die Schwarzen wollten
die Kopfpauschale
mit einem Male.

Die Schwarzen schmollten,
die Roten wollten
private Kassen
richtig anpassen.

Ein Weg tat sich auf
im Schwarz-Roten Lauf:

Wo Kosten entstehn
den Preisdruck erhöhn.
Nur Arztpauschalen
will man bezahlen.

Reformen sollten werden das,
so hieß ihr großes Ziel.
Doch teuer wird uns nur der Spaß,
erneuert wird nicht viel.

Einsicht

Er war kein Mathematiker,
im Unterricht, da litt er sehr.
Wie reagierte er betrübt,
als wieder war ein Test versiebt.

Laut seufzte er: „Die Rechnerei
ist eine wahre Teufelei."

Bis Paula, seine Freundin kam,
die mit Gefühl und sehr viel Charme
ihm schnell verhalf – zwar holprig nur,
zum großen Ziel, dem Abitur.

Heut weiß er: „Für den Hausgebrauch
tut es mein Taschenrechner auch."

Eintritt

Heut hat sie ihn im Traum gesehn.
Er sprach sie an, sie schmolz dahin,
konnt seine Worte nicht verstehn,
Geräusche tönten, ohne Sinn.

Der Regen strömte auf sie nieder,
sie standen so verloren da.
Ein Schreck durchfuhr ihr Herz, die Glieder,
als plötzlich er verschwunden war.

Tagsdrauf ging sie am Fluss spazieren,
fernab die Bäume grüßten bunt,
die Blätter werden sie verlieren,
der Winter naht mit jeder Stund.

Sie sah den Wechsel, hörte Rauschen,
verspürte die Vergänglichkeit.
Gern will sie der Erinnerung lauschen,
doch gilt ihr Blick der neuen Zeit.

Endlich

Der Vater steht vor seinem Sohn
und spricht mit ernstem Unterton:
„Mein Sohn, es wird jetzt langsam Zeit,
ich sag's mit aller Deutlichkeit.
So kann es nicht mehr weitergehn,
wir wollen dich bald trocken sehn."

Der Sohn blickt auf, wirkt merklich stumm,
rollt mit den Augen, dreht sich um.
Er geht, kämpft mit dem Gleichgewicht,
nein, trocken werden will er nicht.
Was soll das heißen, soll das sein?
Er kippt vorn rüber und schläft ein.

Am nächsten Tag zum ersten Mal,
hat er's geschafft ganz ohne Qual.
Der Vater findet das ganz toll,
die Mutter lobt ihn liebevoll.
Seitdem der Kleine lächelt froh,
bleibt ohne Windeln, geht zum Klo.

Endreinigung

Das alte Jahr zu Ende geht,
vor uns die Restmülltonne steht.
Hinein kommt das, was nicht gefällt
und was uns nächtelang gequält.

Die fehlende Zeit,
der heftige Streit,
die Jagd nach dem Geld,
die Liebe, die fehlt,
die Angst vor Krankheit,
schwindender Schlankheit.

Der Deckel fällt, das klingt sehr gut,
in uns erwacht ein neuer Mut.
Korken knallt, es ist jetzt da,
begrüßen wir das Neue Jahr.

Entkommen

Januar, die große Kälte, alles ist bedeckt mit Schnee,
stark wir bibbern, krächzen, schnupfen, trinken ständig heißen Tee.
Kurz entschlossen woll'n wir fliehen, packen Koffer, fliegen fort,
Fuerteventura heißt uns willkommen, suchen auf den Süden dort.

Gleich wir sehen, riechen, fühlen Sonnenschein und blaues Meer,
Sommerwärme, leichte Brise, Möwen jagen hin und her.
Hören den Atlantik rauschen, wilde Wellen, weiße Gischt,
tauen auf und werden fröhlich, sind dem Winter grad entwischt.

Weiter geht's

Bettenburgen steh'n im Süden, hässlich, grässlich der Anblick,
die Touristen seh'n das anders, finden das hier gut und schick.
Auf der Renne sie flanieren, Fleischschau drall und kostenfrei,
auch am Strand gilt wohl das Motto, niemand denkt sich was dabei.

Ein Getümmel von Nationen sucht ein Stück der großen Welt,
ungezwungen schwappt die Stimmung, jeder lebt, wie's ihm gefällt.
Werden gern das übernehmen, fühlen uns beschwingt und leicht.
Neugierig woll'n wir entdecken, was uns diese Insel zeigt.

Gruß von Fuerteventura

Schnee und Eis sind wir entschwunden,
haben Wärme hier gefunden,
atmen durch im Sonnenschein,
hier zu leben, das ist fein.

Blauer Himmel, Strand und Meer,
bummelnd schauen wir umher,
Essen schmeckt und auch der Wein,
stellen fest, wir haben Schwein.

Senden euch herzliche Grüße,
mit dabei viel Urlaubssüße,
freut euch drauf und fangt sie ein,
wünschen euch auch was vom Schwein.

Ersonnenes

Am Anfang stand allein „der Sinn" –
bis er sich einsam fühlte, dann
fing er mit diesem Wortspiel an:

Er grub die Silben „eigen" aus,
der „Eigensinn" entstand daraus.
Doch als er kritisch sie besah,
war gleich ein Trennschnitt wieder da.
Der „Unsinn" fiel ihm plötzlich ein,
der führte gleich zum „Fröhlichsein."
Auch kamen Blutsverwandte schnell,
so war der „Blödsinn" bald zur Stell.

Am Ende zeigte sich der Sinn – mit Zugewinn.

Erwischt

„Feg, Besen, feg, beeile dich!
Wir beide schaffen gleich das Laub
und außerdem dazu den Staub,
feg, Besen, feg!"

Ein wenig sauer wurde ich,
als plötzlich kam ein Wind.
Die Blätter neu verteilten sich,
genervt sang ich geschwind:

„Feg, Besen, feg, beeile dich!"
Da kam der Nachbar Franz,
sein Rufen tönte widerlich:
„Sieh da, ein Hexentanz!"

Es reicht

Die Rose blüht im Januar,
kommt damit unsre Erde klar?
Du hast dein Bild völlig zerstört,
die Lebewesen sind empört.

Mag dich nicht mehr, so neu, so schwach,
ich wein dir keine Träne nach.
Am besten, Winter, sei ein Schatz,
nimm Abschied, mach dem Frühling Platz!

Fahrverbot, Limerick

Einst kaufte ein Fahrer in Zwiesel
viel Bier, für den Wagen viel Diesel.
Dann hatte er Pech,
der Lappen kam weg,
jetzt läuft er so schnell wie ein Wiesel.

Fanfamilie

Laut Kalender sieht man heut
auf die fünfte Jahreszeit.

„Fußballfieber" heißt das Motto,
schwarz mit gelb trägt Papa Otto,
Tochter Kim, blau-weiß verkleidet,
trommelt laut, dass jeder leidet.
Mama Tana winkt als Duse,
Söhnlein Herbie spürt die Muse,
schreit ins Mikro: „Tief im Westen,
hier bei uns schießt man am besten!"

Sofort ist der Teufel los,
jeder Fan wird plötzlich groß.
Mama Tana ruft laut: „Schluss!"
Himmelwärts knallt dann ein Schuss.
„Aus, vorbei, lasst es euch sagen,
Karneval wird sich vertragen!"
Danach schunkeln alle froh,
rufen laut dazu: „Helau!"

(Aus dem Kohlenpott: Schwarz-Gelb = Borussia Dortmund, blau-weiß
= Schalke 04 und VfL Bochum, Mama Tana = verstorbene Bochumer
Schauspielerin, auch „Duse" genannt, Herbie = Herbert Grönemeyer,
aufgewachsen in Bochum.)

(Fest)gebunden

Du, Zeit, eilst stets mit schnellem Schritt,
du lässt dich nicht anhalten.
Wir kleben an dir, müssen mit,
in deinem Rhythmus walten:

Rasch morgens aufstehn,
den Pflichten nachgehn.
Viel kämpfen, raffen,
Werte erschaffen.
Stets freundlich bleiben,
sich nicht aufreiben.
Telefonieren,
dich nie verlieren.
Trinken und essen,
nur nicht vergessen.
Probleme lösen,
manchmal auch dösen.
Abends nachdenken,
Freude verschenken.
Und schlafen danach,
du, Zeit, wirst nie schwach.
Tickst immer weiter,
gleichmäßig heiter.

Ich wünsche allen mehr von dir
zum Leben, Lachen, Lieben.
Zu spät meistens fragen wir:
„Wo ist die Zeit geblieben?"

Fliegendrama

Die kleine Fliege schwärmte stark für einen dicken Brummer,
der seufzte, rüsselte mit ihr, dann gab es großen Kummer.

Sie hatt's gerochen, er war versprochen!
Die Fetzen flogen, weil er gelogen.

Die kleine Fliege war zerzaust,
als sie am Schluss das Ganze – wegsteckte als „Romanze."
Und auch der Brummer war zerzaust,
als er am Schluss bekannte – sie dumme Fliege nannte.

„Die Zeit heilt Wunden", dachte er und flog zum Kirchturm rauf.
Dort naschte er vom Grünspan, er achtete nicht drauf.
Und etwas später wurde wahr, das Sprichwort vom Hochmut.
Die kleine Fliege sah ganz klar: Das Gift tat ihm nicht gut.

Folgenschwer

Er wird für sie zum Sonnenschein,
der wärmend sie umgibt,
bei ihm fühlt sie sich nicht allein,
sie spürt, sie ist verliebt.

Gelassen lächelt er sie an,
ihr Zaudern schmilzt dahin.
„Bist mein Fanal, du bist der Mann,
der schenkt mir neuen Sinn."

Die Triebfeder langsam erwacht,
lässt wälzen sie umher –
neun Monate nach jener Nacht
gibt es den kleinen Peer.

Frühling (Achrostichon)

F röhlich klingt ein altes Lied
R ingsum durch die Luft.
Ü berall es grünt und blüht,
H older Frühlingsduft.

L iebe, Leben neu erwacht
I n dem Sonnenschein.
N ur der Maulwurf stört die Pracht,
G räbt sich wieder ein.

Frühlingserwachen

Der Frühlingswind kam über Nacht,
ein Blütenmeer hat sich entfacht.
So bunt, so schön im Sonnenschein,
die Ameise will auch hübsch sein.

Sie putzt sich raus, gleich kommt ihr Freund,
von dem sie immer schon geträumt.
Verliebt wiegt sie sich hin und her,
den kleinen Bach sieht sie nicht mehr.

Da rutscht sie plötzlich einfach aus,
sie kann nicht schwimmen, welch ein Graus.
Der Freund kommt schnell daher gerannt,
er reicht ihr rettend seine Hand.

Sie fühlt sich wie elektrisiert,
er zeigt sich langsam interessiert.
Der kleine Bach rauscht wie man hört,
die beiden das nicht weiter stört.

Frühlingsgefühle

Geschmolzen ist das letzte Eis,
es grünt, es sprießt und blüht.
Der Frühling naht, man spürt ganz leis
den Charme, den er versprüht.

Warmes Sonnenlicht,
Vergissmeinnicht.
Zum Vogelgesang,
Maiglöckchenklang.

Suchen und finden,
neu sich binden.
Richtig sich traun,
Nester baun.

Bald zeigt so manches Elternpaar,
wie seine Brut gelingt.
Der Mensch sieht erst im nächsten Jahr,
was Frühlingsliebe bringt.

Ganz einfach, Limerick

Im Frühjahr erkannte sie leider:
Geschrumpft waren alle Kleider.
Der Frust war sehr groß,
da dachte sie bloß:
„Mir hilft nur mehr Stoff und ein Schneider!"

Ganz und gar ...

Böse Gedanken fehlten ihr,
denn Weihnachten stand vor der Tür.

Den Tannenbaum hat sie geschmückt,
sie summt ein Lied und denkt verzückt
an ihren Liebsten, der sie heut
von ihrer Einsamkeit befreit.
Die Speisen hat sie fabriziert
und alles sorgsam arrangiert.

Er merkt bei dem Begrüßungskuss,
dass er ein wenig mogeln muss.
Doch ansteckend wirkt ihr Frohsinn,
die Funken sprühn, er schmilzt dahin.

Und eh er sich so recht bedacht,
hat sich da etwas breitgemacht.

Geräuschkulisse

Sie verspürt ein Wohlbehagen,
sitzend in dem Großraumwagen,
döst dort glücklich vor sich hin:
„Gleich ich bei dem Liebsten bin."

Bis ein Handy sehr laut schrillt,
eine Männerstimme brüllt:
„Liebes Schätzchen, bin gleich da,
hast du auch das Essen klar?"
Hinter ihr ertönt Geschrei
„Ich mag ihn, was ist dabei?"
Da hat's mächtig grad gekracht,
weiter vorne jemand lacht.
Und zwei Kinder prügeln sich,
ihr Geheul klingt fürchterlich.
„Stimmung", ruft ein junger Mann,
schaltet laut sein Radio an.

Sie hält sich die Ohren zu,
will nur endlich ihre Ruh.
Müde fällt ihr Blick hinaus,
gleich ist's mit der Ruhe aus.
Hat ihr Reiseziel verpasst,
wie sie diese Meute hasst.

Später kommt ihr der Entschluss,
was sie neu bedenken muss:
„Meide stets den Großraumwagen,
denn dort lauern Menschenplagen."

Grazie(n)

Zwei jung Mädchen sah ich stehn,
aus weißem Marmor strahlend schön.
Antike Kleider trugen sie,
Göttinnen gleich, so irgendwie.
Anmut und Würde sie umgab,
in sich gekehrt sahn sie herab.

Ein wenig neidvoll stand ich da,
doch dann war mir auf einmal klar:
So schön brauch niemals ich zu sein,
bin kein Idol und nicht aus Stein.

Halloween

Im „Froschkönig" in Bochum-West, da geht es heute rund,
um Mitternacht beginnt das Fest, die große Geisterstund.

Gespenster auftauchen, sie jagen, sie krauchen,
sie stöhnen und zischen, sie grabschen und fischen,
da hört man soufflieren: „Lasst Blut uns probieren."

Graf Dracula jagt irgendwo mit bösem, wilden Blick,
verspritzt den Saft, rot wie Bordeaux, die Geister sprühn vor Glück.
Doch wirft der Graf mit Bratilingen, ertönt Protestgeschrei:
„Fort mit dem Zeug, Fleisch musst du bringen,
wann kommt die Schweinerei?"

Die Frage bleibt im Raume stehn, der Tag verdrängt die Nacht,
Fortsetzung folgt, wenn Halloween im nächsten Jahr erwacht.

Halt mich fest

Schwarzer Himmel, graue Wogen
sind auf einmal wie verflogen.
Spüre deinen großen Charme,
 halt mich fest in deinem Arm.

Blaue Sänfte, süße Träume
schaffen in mir neue Räume.
Schieben fort den Singlefrust,
 halt mich fest an deiner Brust.

Liebster, seh dich mit Vergnügen
hier im Doppelzimmer liegen.
Vor uns eine Liebesnacht,
 halt mich fest und gib gut Acht.

(Hilfe)Ruf

Der Flughafen ist nicht sehr weit
vom Mietshaus, wo ich leb zurzeit.
Doch nicht der Lärm belästigt uns,
nein, das macht nur Hausmeister Strunz.

Er spricht sehr laut mit seiner Frau,
das endet stets im Streit,
und was er anpackt, ganz egal,
er braucht dazu viel Zeit.
Als Faultier er noch ist bekannt
und stinken tut er auch,
ein unerklärlicher Geruch
verbindet sich mit Rauch.
Wer Hilfe von ihm braucht,
wird gleich bereuen es sehr schnell,
die ganze Art drückt deutlich aus:
Er hat ein dickes Fell.

Wir Nachbarn waren stets entzweit,
doch heute herrscht Einstimmigkeit.
Das Maß ist voll, der Frust ist groß.
Wie wird man Ekel Strunz nur los?

(Hoch)genuss

Ich bin total in dich verliebt,
von deinem Glanz, der dich umgibt.
Dein Funkeln, das im Sonnenlicht,
mir Harmonie und Glück verspricht.
Du bist für mich der Hochgenuss,
du stehst für mich als Musenkuss.
An deinem Ufer will ich sein,
mit dir und der Natur allein.

Ich bin total in ihn verliebt.
Gut das es dich, „Ruhrstausee" gibt.

Hoffnung

Seit dem großen Sündenfall
lauern Tabus überall.
Jeder schreibt mir etwas vor
und so klingt es dann im Chor:

Darf nicht lügen – nicht betrügen.
Soll nicht stehlen – Leute quälen.
Nicht vergessen – keinen fressen.
Bittend fragen – sonst nichts sagen.

Sammle alle die Tabus,
sende sie als einen Gruß
an das hohe Management,
das Tabus wohl so nicht kennt.

Bleiben sie bei ihrer Weise,
folgt der Sündenfall ganz leise.

(Hunde)weisheit

Die Sehnsucht ist bei ihm gewesen,
ihr Feuer traf den Pekinesen.
Er sah sich wie auf Wolken schweben,
die Möpsin ließ sein Herzchen beben.
Und ringsum blühten die Narzissen,
doch sie nichts wollte von ihm wissen.
Ihr Liebster war ein Dobermann,
der sogleich mit dem Kampf begann.

So ist's nun mal im Hundeleben:
Die schönsten Damen sind vergeben.

Der Pekinese konnt entfliehn,
seitdem sein Leben wurde schön.
Denn schon am nächsten Wegesrand,
er Trost bei einer Neuen fand.

Und die Moral von dem Gedicht:
Vergaff dich in die Falsche nicht.

„Hurra, hurra, der Karneval ist da!"

Der Papa pflegt die rote Nas,
er hat am Bier so richtig Spaß.
Die Mama hat das Auge voll
von Mias Mama ihrem Oll.
Und Mamas, Papas Rübennasen,
die jagen grad den Osterhasen.
Erlaubt ist alles was gefällt,
auch wenn es Mias Mama quält.

Hört, alle rufen laut: „Hurra,
der Karneval ist endlich da!"

Ihr Schwarm

Einst sah man immer sie zu zweit,
sie liebten Wind und Schnelligkeit.
Sein leichter Lauf, der rasche Gang
gaben ihr Kraft, hielten sie schlank.

Doch scheiterte die Harmonie,
sein Aufmüpfen zerstörte sie.
Da half keine Verjüngungskur,
das Bocken blieb in einer Tour.

Am Ende ging es schnell bergab,
sie sah nur noch ein Eurograb.
Nach einem Sturz die Trennung kam,
ein neues Rad ist jetzt ihr Schwarm.

Im Aufwind, Limerick

Ein Sturm wütete einst bei Hagen,
Er packte die Bäume am Kragen.
Er knickte sie um,
warf weit sie herum,
die Wirtschaft sprang an – ohne Klagen.

Im Fieber

Das erste Mal ist, wie man weiß,
voll Überraschung und oft heiß.

Die Erdbeerbowle sie beschwingt,
ein Lustgefühl sie tief durchdringt.
Sie streichelten, küssten, wälzen sich,
er flüstert rau: „Ich liebe dich."

Das Glücksgefühl wirkt zärtlich nach,
da spürt er plötzlich Ungemach.
Er sieht, wie seine Haut anschwillt
und rot sich färbt, er kratzt sich wild.

Ein wenig später wünschen sie
ein zweites Mal voll Energie.

Fazit:
Die Erdbeere, die Frucht der Liebe,
weckt manchmal auch die falschen Triebe.

Im Getriebe (Anno 2002)

Das Geld ist ein besondrer Saft,
stark sprudelnd es Gewinne schafft.
Dem reichen Mann ist das sehr recht,
dem Armen geht es immer schlecht.

Der Euro brachte viel Tumult,
daran war wohl der Teuro schuld.
Er hat Konzerne fett gemacht,
im kleinen Mann die Wut entfacht.

Der sieht die Existenz bedroht,
spürt, wie die Arbeitswelt verroht.
Ihm kann nur helfen noch der Staat,
doch der hält Floskeln nur parat:

„Der Ölpreis ist an allem schuld,
Ihr müsst euch üben in Geduld.
Auch unsre Kassen, die sind leer,
mehr Steuergelder müssten her.

Das Geld verlässt den Teurofluss,
es sprudelt neu der Steurogruß.
Der Staat findet das ganz gerecht,
dem kleinen Mann geht's weiter schlecht.

Im Putzrausch

Für sie ist jeder Donnerstag
ein Schreckgespenst, das sie nicht mag.
Sie trägt dazu ein Schmuddelkleid,
der Eimer steht auch schon bereit.

Sie atmet ein, sie atmet aus,
geputzt wird jetzt das ganze Haus.

Den Dreck abwischen
von Scheiben und Tischen.
Die Blumen pflegen,
den Boden fegen
und moppen danach –
wie fühlt sie sich schwach!

Sie atmet ein, sie atmet aus,
geputzt wird jetzt der Rest vom Haus.

Da knickt sie um, an ihrem Fuß
wächst ihr ein großer Bluterguss.
Seitdem soll jeder Donnerstag
zum Dichten sein, was sie gern mag.

Im Vierertakt

Am Start ertönt ein lauter Schuss,
vier Boote rudern auf dem Fluss.
In einem sitzt der Vetter Hein,
er schimpft und schreit: „Schlaft mir nicht ein!"
Er zählt den Takt: „Eins, zwei, drei, vier,
zieht fester durch, die schlagen wir!"

Der Knut, der Wulf, der Till und Pit,
sie kämpfen hart, sie halten mit.
Und auch der Max, Götz, Kay und Jan,
sie kämpfen wild, halten sich dran.
Ein Boot schiebt sich langsam vorbei,
sofort ertönt lautes Geschrei:
„Schlaft mir nicht ein, eins, zwei, drei, vier,
zieht fester durch, die schlagen wir.

Sie rudern schnell und stöhnen viel,
den Sieg sie wolln, Ruhm ist ihr Ziel.
Danach ein Bier, Liebe vielleicht,
ob ihre Kraft dazu noch reicht?
Die Sonne brennt, laufender Schweiß,
Es gibt kein Wasser und kein Eis.
Der Ruf erschallt: „Eins, zwei, drei, vier,
zieht noch mehr durch, die schlagen wir!"

Es knirscht der Kahn, es zuckt und kracht,
was hat der Vetter nur gemacht?
Der Bug zerbricht, Wasser strömt ein,
sie springen in den Fluss hinein.
Der Vetter schreit noch: „Folget mir,
wir müssen durch, eins, zwei, drei, vier.
Das Boot versinkt, welch Trauerspiel,
ihr Ruhm ging baden vor dem Ziel.

In Gedenken an ...

„Gut für mich?" Solch eine Frage,
hab ich nie bei dir erlebt.
Im Gegenteil, du warst bestrebt,
schnell zu handeln ohne Klage.

Du hast einfach gekocht, gestrickt,
sechs Kinder rausgeputzt geschickt.
Bei Krankheit Stunden nachts gewacht,
du hast viel Trost und Mut gemacht.

Du standest für Gerechtigkeit,
hast uns Versöhnen beigebracht
und wie man andern Freude macht.
Mein Mütterchen, das weiß ich heut –
bin auch zum Nachahmen bereit!

James Ensor, „Tod und die Masken"

Wie unmenschlich wirkt dieses Bild.
Da steht Gevatter Tod gehüllt
in grobes, weißes Leichentuch,
sein Grinsen wirkt kalt wie ein Fluch.
Es starrt ihn an ein Muskelprotz,
den Mund geöffnet wie zum Trotz.
scheint er ein lautes „Nein" zu schrein.

Ringsum Gesichter bunt maskiert,
werden vom Tod gleich dezimiert.
Ein Wegsprinten hilft ihnen nicht,
erlöschen wird ihr Lebenslicht.
Die Maskenfarben leuchten grell,
man ahnt, das wird verblassen schnell.

James Ensor zeigt in diesem Bild,
wie Todesumgang sich anfühlt.
Ohne Betrug – ohne Unfug,
keine Wende – nur das Ende …

Kaufen, abkassieren, weiterziehen

Heuschrecken sind laut Metapher
Menschenhorden, Profit-Raffer,
die sich wenden an die schwachen
Firmen, die Verluste machen.

Frisches Geld lässt jubilieren,
ausbreiten, sprich expandieren.
Alles rechtens, hat auch Sinn,
mehr und mehr steigt der Gewinn.
Plötzlich dann nach großem Crash,
Anleger haun ab mit Cash.
Und der Pleitegeier fliegt
um die Firma, die er kriegt.

Was kann machen man dagegen,
Kaufboykott, das wär ein Segen.
Ob jung, ob alt, ist ganz egal,
streicht ihr Produkt bei eurer Wahl.

Kehraus zum Jahreswechsel

Das alte Jahr verschwindet grad,
reich mir die Restmülltonne,
beseitigt wird der Nervenkrieg
mit Nachbarin Ivonne.
Hausmeister Klaus, den faulen Sack,
schmeiß rein ich mit Vergnügen.
Mahnungen, Strafbons
werden gleich in der Tonne liegen.

Und dann das Bild vom Orient
mit dir und der Oase,
wo du warst leider nicht allein,
bei dir saß meine Base.
„Sei nicht so streng", dein Kommentar,
„du wirst es überwinden",
doch weit gefehlt,
du kannst dich hier als Restmüll wiederfinden.
Die Base folgt der gleichen Spur,
sie landet in der Tonne,
der Deckel fällt, der Knall klingt gut,
entzückt lausch ich mit Wonne.

Zum Jahreswechsel lehn ich
mich erholt, befreit zurück.
Uns allen wünsch ich herzlich dies:
Gesundheit und viel Glück.

Kleiner Gruß

Wie in Trance, so stand ich da,
als ich die Bescherung sah.
Alles, was uns lieb und wert,
lag am Boden, war zerstört.

Sessel, Stühle aufgeschlitzt,
Boden, Wände braun bespritzt.
Langsam wurde mir bewusst,
mein Wegsein brachte Verlust.

Fernseher und der PC,
Glastisch und das Kanapee.
Landschaftsbilder, bunt gemalt,
nur geliehen, nicht bezahlt.

Ringsum drückend, welch Gestank,
fühl mich übel, richtig krank.

Plötzlich wurde ich geschüttelt,
aufgerichtet, wach gerüttelt.
Über unsern Ehebetten
hing der Qualm von Zigaretten.
Als ich deine Stimme hörte,
dieser Rauch mich nicht mehr störte.

Liebster, hab die Worte dir geschrieben,
schicke sie nach Wolke Sieben.

Keine Hoffnung?

Der Mensch ist oft sehr ungerecht
und tief im Herzen ziemlich schlecht.

Der Reiche an die Wand es schreibt:
„Mag jeder sehen, wo er bleibt,
Geld regiert die Welt,
nur der Reichtum zählt."

Der Arme kümmerlich beschreibt,
was ihn bedrückt und was ihm bleibt:
„Elend, Leid und Not
sind der Armen Brot."

Wie, wenn die beiden Menschen sich
verhielten etwas brüderlich?

Dem Armen täte das sehr gut,
der Reiche sieht das mit Hochmut.
Er klammert sich an seine Pfründe,
ein Hauch von Einheit wär wohl Sünde.

Kritische Betrachtung (Hartz IV)

Die Mehrheit fühlt sich deprimiert,
wie die Mächtigen dort oben
sich für das Gesetz selbst loben:
5 Euro mehr? Das irritiert.

Gestoppt wird es im Bundesrat.
„Nicht mit uns, wir sind dagegen",
schon das Kungeln, sich bewegen,
lässt hoffen auf erneuten Start.

Was macht Sinn? Den Aufstand proben
oder zu kapitulieren?
Besser wär ein Ausprobieren
von Hartz IV und den dort oben.

Und die Moral von dem Gedicht:
Wer angekommen ist im Licht,
verliert sehr leicht die Übersicht.

Kurz vor zwölf

Wenn ich hör das Wort „Global", wächst in mir ein Warnsignal:

Denke an Klimaerwärmung – für uns alle sehr fatal,
denke an Kreditgeschäfte – kurz darauf ein Kursverfall,
denke an Krankheitsverflechtung – Pandemie ein Chaosmal.

Rosaroter Blick ist tot – unsere Erde steckt in Not.
Doch bei jedem Gegenschritt schallt der Ruf nach dem Profit.

Hier sei Einhalt jetzt geboten, das betont die Politik,
jeder einzelne muss handeln, schnell und ohne Missgeschick.
Lasst uns Schutzzonen einrichten für die Umwelt und Natur,
global müssen wir verordnen ihnen dringend eine Kur.

Lebensgefühl

Vor einem Jahr auf diese Welt
hat sich ein Baby eingestellt.
Ein Wonneproppen wächst heran,
seht nur, was der schon zeigen kann:

Herzlich lachen,
Töne machen,
kann viel sabbeln,
schnell wegkrabbeln,
sich hochziehen,
danach stehen.
Türme bauen,
sie umhauen,
Fläschchen trinken,
manchmal stinken.
Auch Geschrei
gehört dabei.
Wieder lachen,
Freude machen.

Im Mittelpunkt steht dieses Kind,
die Eltern total glücklich sind.
Sein Wesen spiegelt das ganz klar,
doch auch der Dickkopf ist schon da.

(Leidiges) Thema

Ein Schrei geht durch die Medienwelt,
zu fett, zu faul, richtig entstellt,
das ist der Deutsche im Durchschnitt,
die Traumfigur ein Trauerhit.
Ob Alt, ob Jung scheint ganz egal,
die Pfunde drücken überall.
Sofort tauchen Experten auf,
man diskutiert im Schnelldurchlauf.
Im Geiste reuig, das Fleisch schwach,
das bringt viel Spannung und viel Krach.

Bis deutlich laut herüber tönt:
„Ich weiß, die Dicken sind verpönt.
Doch habt Ihr einmal nachgedacht,
womit ihr richtig Kasse macht?
Wer sorgt für sonniges Gemüt,
für mehr Verbrauch, der Handel blüht?
Wer füllt denn all die Arztpraxen?
Kurzum, wer lässt den Wohlstand weiter wachsen?"

„Lasst doch den Quatsch", schallt es dann schrill,
„jeder soll leben, wie er will!"

Lied einer Dichterin

Dichten schenkt ihr große Freiheit, da sind viele Rollen drin:

Soll sie spielen eine Natter, arglistig und sehr gemein,
spürt sie in sich eine Freude, so wollt sie schon immer sein.
Soll ich spielen einen Krieger, haucht sie ein ihm ganz viel Mut,
sie kreiert den Antihelden, mit ihm enden Kriege gut.
Die Sahara zeigt ein Umbra, es changiert im Sonnenlicht,
schreibend will sie das festhalten, malen kann sie leider nicht.

Dichten schenkt ihr große Freiheit, das beschert auch Lebenssinn.

Ludwig van Beethoven

Wenn langsam steigt in ihr die Krise,
dann hört sie gerne: „Für Elise."
Die Melodie klingt zauberhaft,
verscheucht den Stress, schenkt neue Kraft.

Sie kennt von ihm manch Symphonie,
doch auch der Mensch beschäftigt sie,
der einsam, Eigenbrötler blieb,
trotz Hörverlust Geniales schrieb.
Wenn nachts die meisten schliefen, dann
fing er zu komponieren an.

In Bonn, nach einer Stippvisite,
verspürt sie nur die eine Bitte:
„Ach, könnt ich hören ‚Für Elise',
ganz ohne Krise –
so als Hommage auf ihn, auf diese."

Mit Speck fängt man ...

Es stand nach Adam Riese fest,
er hasste Zahlen wie die Pest.
Der Lehrer sah's mit großem Hohn,
die Dauerfünf blieb ihm als Lohn.

Bis Omi kam auf die Idee
und schenkte ihm ein Praline´.
Aus Trüffel, welche Köstlichkeit,
auch etwas Geld hielt sie bereit.

Sie bot ihm mehr von beidem an,
damit der große Stress begann:
Sehr wichtig wurd des Lehrers Wort
und Pauken eine Art von Sport.
Egal, er hatte es geschafft,
die Trüffel gaben ihm die Kraft.

Doch die Moral von dem Gedicht?
Heut kämpft er stets mit dem Gewicht.

Monitoring

Ja, meine Nachbarin ist schlau,
sie kennt jeden und weiß genau,
wie Monitoring einfach geht:
Dazu sie auf dem Tischlein steht
und schaut mit einem Fernglas raus
ganz ungeniert ins Nachbarhaus.

Als ich dabei sie einst erwischt,
fragt ich sie lachend und erfrischt,
ob sie sich übe grad im Tanz.
Oh, welche Röte, welcher Glanz.
„Nein", sagte sie, „ich bin hier nur
Kanarienvögel auf der Spur."

Mückenjagd, Limerick

Es kämpfte ein Mann in Saarbrücken,
er schlug mit dem Schlappen nach Mücken.
Dann knickte er um,
sein Bein nahm das krumm,
die Mücken tat das nicht bedrücken.

Neu entdeckt

Erneut bin ich in dich verliebt,
gut, wenn dein Atem mich umgibt.
Er riecht nach Rosenduft und Heu,
du gibst viel Wärme mir dabei.

Im Abendlicht stimmst du mich mild,
zeigst mir dein allerschönstes Bild.
Wie Honig schmeckst du, blumig süß,
mein Schatz, du bist mein Paradies.

Nicht traurig sein

Totensonntag, Nebel, Kälte
uns umfing an eurem Grab.
Doch die Trauer, die uns quälte,
tropfte an uns langsam ab.
Anekdoten trieben Blüten,
groß wurd die Erinnerung,
wie ein Schatz wolln wir sie hüten,
ihr bleibt ewig in uns jung.

Lasst uns jetzt den Grünkohl essen,
das belebt die Tradition,
Eltern, ihr bleibt unvergessen,
auch der neuen Generation.

Nie wieder samstags

Am Montag spürte sie ihn stark,
der Zauber der Natur.
Der See im Ruhrtal ruhig lag,
so liebte sie ihn nur.

Strahlende Sonne,
plätschernde Wellen,
schwimmende Schwäne,
schnatternde Enten,
kreischende Möwen,
duftendes Heu.

Am Samstag war sie wieder dort,
zu suchen die Natur.
Doch dies war nicht ihr Lieblingsort,
hier herrschte Wahnsinn pur.

Quirlige Massen,
rasende Radler,
sausende Skater,
keifende Menschen,
bellende Hunde,
ängstliche Vögel.

Nie wieder samstags, sie beschloss,
würd fahren sie zum See.
Natur zu Hause sie genoss,
auf dem Balkon mit Tee.

Novembernebel

Das Laub hat sie längst weggefegt.
Kalt glänzt der schwarz polierte Stein,
den Namenszug sieht sie bewegt,
da fällt ein Bild ihr wieder ein:

Sie hört ihn singen, sieht sein Winken,
warm wird es ihr sogleich ums Herz.
In seine Arme möchte sie sinken,
doch bleibt ihr nur der tiefe Schmerz.

Sie fühlt sich einsam, hebt den Besen,
umklammert ihn – dann sieht sie ein:
Die Zeit zu zweit ist gut gewesen,
doch plant und lebt sie jetzt allein.

Pech gehabt, Limerick

Ein Postbote wollte in Stade
dem Förster die Post geben grade.
Des Försters Hund
nutzte die Stund,
erwischte des Postbotens Wade.

Performativer Widerspruch

Fühl mich so müd, fühle mich leer,
das Denken, Dichten fällt mir schwer.
Lieg hilflos auf dem Kanapee,
der Fuß in Gips, der blinkt wie Schnee.
Der Kopf mir raucht, das Auge tränt,
Hellhörigkeit hab ich erwähnt?
So klingt der Handyklingelton
wie eine schrille Invasion.

Hab oft mich zur Decke gestreckt
und meistens reimend was entdeckt.
Doch heute bleibt das Blatt hier leer,
das Denken, Dichten fällt mir schwer.

Pfiffig

Ein kleiner Trick, weiß Frau genau,
verbiegt sie nicht, ist einfach schlau:

Wenn sie in einer Schlange steht,
wird dort vom edlen Duft umweht,
der Currywurst, doch leider sind
zehn Männer vor ihr und ein Kind.

Der Hunger quält, da kramt sie raus
den Ball von ihrem Gatten Klaus.
Den wirft sie hoch ganz ungeniert,
zehn Männer sind gleich involviert
im Fußballspiel, sie kämpfen wild,
derweil Frau ihren Hunger stillt.

Qual der Wahl

Auf Schnäppchenjagd im Ausverkauf
fährt sie zu den Dessous hinaus.
Einen BH will sie erstehn,
soll passen, preiswert sein und schön.

Auf Tischen türmt sich schwarz, weiß, rot,
auch Spitzen sind im Angebot.
Doch leider passt sie nicht hinein,
es müsste alles größer sein.

Die Großen, Zelte auch genannt,
die hängen hinten an der Wand.
Sie greift sich schließlich vier heraus,
die nimmt sie mit, probiert sie aus.

In der Kabine wird ihr heiß,
von ihrer Stirne rinnt der Schweiß.
Drei sind zu fad, zu groß, zu klein,
der vierte endlich soll es sein.

Ist preiswert, praktisch, zwar nicht schön,
mit dem kann sie nach Hause gehen.
Am Ende fällt ein letzter Blick
auf die Erotischen zurück.

Da reckt sie sich, lacht plötzlich auf,
nicht wirklich wichtig war der Kauf.
Ein zartes Hemd, weiß sie genau,
ist vorteilhafter für die Frau.

Rückzug

Der Kai, bekannt als Junggeselle,
trieb einst verliebt auf einer Welle.
Bis Klara, Mutter von Brigitte,
kam in sein Haus auf Stippvisite.

Man merkte gleich, ihre Chemie
verscheuchte jede Harmonie.
Ein übler, galliger Gestank
vertrieb die Mutter, Gott sei Dank.

Beim Lüften wurde ihnen klar,
dass ein Problem entstanden war.
Da dachte Kai an dieser Stelle:
„Ich bleibe lieber Junggeselle."

Schein und Sein

Es knirscht und kracht, dann folgt ein Schrei,
stumm liegt ein Mann da, tot im Heu.
der Mörder pfeilschnell sich verdrückt,
die Tat scheint unbemerkt geglückt.

Doch dann taucht auf Inspektor „Hört",
dem einiges am Umfeld stört.
Das Mordopfer war eindeutig
ein hart gesottener Wüterich.
Am Ende bleibt Betrug, Verrat,
der beste Freund gesteht die Tat.

Moral
Im Krimi wirkt der Tod banal –
im eignen Haus wird er zur Qual.

Schicksal, Limerick

Es wollte ein Jäger in Gießen
den stattlichsten Hirsch einst erschießen.
Er saß im Hochsitz,
da traf ihn der Blitz,
das konnte den Hirsch nicht verdrießen.

Schlittenfahrt, Limerick

Es zeigte Frau Meier aus Witten
dem Handwerker auch ihre Ti...
Da wurde der Meister
zunehmend dreister,
danach fuhr ihr Mann mit ihm Schlitten.

Schmerzlos, Limerick

Es wollte ein Mann einst in Düren
den Körper, die Muskeln mal spüren.
Er lief Kilometer,
der Schmerz folgte später,
seitdem pflegt er Weicheiallüren.

Sing – Sing, Limerick

Es wollte ein Mann aus Lingen
der Liebsten Geschenke bringen.
Er vergaß sein Geld,
er raubte, was fehlt,
jetzt muss er drei Jahre singen.

So ist es, Limerick

Es kämpfte ein Mann einst in Essen,
er war vom Mandat wie besessen.
Er gewann auch die Wahl,
sein Problem wuchs fatal:
Den Wähler, den hat er vergessen.

So schön wie Weihnachten

Ein kleiner Stern sieht ganz entsetzt,
wie sehr der Mensch den Menschen verletzt.
Der Stachel alle infiziert,
Hass heißt die Krankheit, die regiert.

Der Stern beschließt, es ist genug
mit diesem irren Selbstbetrug.
Er bläht sich auf, er tanzt und blinkt,
ein greller Strahl die Nacht durchdringt.
Der trifft den schlimmsten Bösewicht
mitten ins Herz, das schmerzt und sticht.
Er wirkt verwirrt, lauscht in sich rein,
das wird doch nicht sein Ende sein?

Es schauert ihn, er schüttelt sich,
doch Wärme spürt er innerlich.
Den Seinen gibt er einen Kuss,
die sind erstaunt über den Gruß.
Dem Feind reicht erstmals er die Hand,
seitdem wird dieser Freund genannt.
Und alle, die er neu anspricht,
durchfährt sofort das grelle Licht.

Das „Ich" schrumpft stark, groß wird das „Du",
zufrieden schaut der Stern dem zu.
Er bläht sich auf, er tanzt und blinkt,
sein Friedenslicht die Welt durchdringt.

So war's

Ein Zaunkönig im Birnbaum saß,
er zirpte laut, er hatte Spaß.
Die Amsel fand das gar nicht toll,
vieler lauter ihr Gesang anschwoll.
Die Elster hässlich scharrend klang,
das tönte nicht wie Chorgesang.

Ein Apfel fiel vom Apfelbaum,
im Gras lag er, man sah ihn kaum.
Die Elster hatte gleich erkannt,
was sich im Apfel wohl befand.
Diätgedanken fehlten ihr,
war nur bedacht auf ihr Pläsire.
Sie hackte wild aufs Fruchtfleisch ein,
das schmeckte gut, das musste sein.
Dann zog sie einen Wurm heraus –
nicht fleischlos war der Apfelschmaus.

Sofies Wunschzettel

Liebes Christkind, schreibe dir
meinen Wunsch auf Papier:

Eben sah ich in den Spiegel,
ach, wie wünsch ich mir den Tiegel
„Blütenstaub", die Wunderceme,
die mein Schrumpfen ringsum zähme.

Sehne mich nach großem Luxus,
einem Kleid der Firma Fluxus,
seidig, schwarz, tief dekolletiert,
stark frivol, das echauffiert.

Wollte immer schon gut singen,
hab die Bitte, wirst du bringen
mir die Stimme von Marlene
und dazu die dollen Beene.

Liebes Christkind, wünsch mir sehr,
bring die Sachen mir gleich her.
Kann dann alles ausprobieren,
einen Megahit kreieren.
Auf die schöne Weihnachtszeit,
liebes Christkind, bin bereit.

Sommerlied

Frühlingsblumen bald verblühen,
Sommerwärme macht sich breit.
Ihren Charme wird sie versprühen,
führen in die Sommerzeit.

Die Blumenpracht,
sich bunt entfacht.
Der Rosenduft
schwängert die Luft.
Die Grille zirpt,
sich schrill bewirbt.
Die Beerenzeit
schenkt süße Freud.
Das kühle Nass
bringt Badespaß.

Feurig geht die Sonne unter,
lebhaft wird's am Gartengrill.
Auch die Mücken werden munter,
Stechen, Saugen ist ihr Ziel.

Sonnenstich, Limerick

Einst blühten die Blumen so bunt.
Im Grase lag schlafend Siegmund.
Es stach ihn voll Wonne
die sengende Sonne,
im Himmel, da wurd er gesund.

Spaßvogel (Versuch einer Fabel)

Zwei Regenwürmer trafen sich vor einer Regenrinne,
sie grüßten sich, sie tänzelten, dann hielt der eine inne:
„Ich mag dich sehr,
ach, hätt ich nur nen Blumenstrauß erstanden."
„Das ist nicht schlimm, mag dich auch so",
sehr lustvoll sie sich wanden.

Die alte Krähe summte leis, es einem Wurm passierte,
im Schnabel abgeknickt hing er, ein Ende protestierte:
„Du alte Schachtel, lass mich los,
hab grad mein Glück gefunden!"
Die Krähe hatte großen Spaß,
denn schwups, war er verschwunden.

Als schwups der zweite Wurm geschluckt,
bekam sie Magendrücken.
Sie krächzte auf, plötzlich danach
lag tot sie auf dem Rücken.

Moral
Wenn eine glaubt, die Lust auf mehr
lässt den Genuss sich mehren.
Dann täuscht sich diese aber sehr,
die Englein wird sie hören.

Streit, Limerick

Einst stritten sich Männer in Schwerte,
sie kannten sich nur als Gelehrte.
Es ging um Lulu,
die lachte dazu,
da sie nur mit Laura verkehrte.

Süchtig

Wenn ich mal verzweifelt bin,
seh im Kaufrausch ich den Sinn.
In den Einkaufswagen groß
pack ich Waren rein, wahllos:

Sekt-, Wein-, Bierflaschen, obwohl
nie ich trinke Alkohol.
Schokolade und Bonbons,
stapelweise auch Kartons.
Bratenpfannen und Topfkratzer,
Kochtöpfe, so richtig schwer.
Putzzeug, das ich niemals brauch,
Klemmen für den Gartenschlauch.
Fühl mich langsam richtig gut,
große Mengen machen Mut.

Grad in diesem Augenblick
spür ich statt Verzweiflung Glück.
– Wie ich alles gleich bezahl
wird bestimmt die nächste Qual.

Susannes Wunschzettel

Liebes Christkind, nenne dir alle meine Wünsche hier:

Neues Laptop könnt ich brauchen, mit viel Power, Kleinformat,
auch ein iPod wäre super, wie der Nachbar einen hat.
Außerdem die Brotmaschine, die zum Schneiden mir noch fehlt,
doch am Ende meiner Liste mich der eine Wunsch stark quält:
Schenk mir einen flotten Boten, lieb und nett, du weißt schon wie,
möchte das Fest mit ihm verbringen, weihnachtlich, voll Harmonie.

Liebes Christkind, bitte dich, schick die Schätze heut an mich.
Würd gleich alles ausprobieren – hoffe, muss nichts reklamieren.

Gruß,
Susanne

Süßsaure Siebzehn

Als der Sohn Rotwein abstaubte
und manch Gläschen sich erlaubte,
spürte er, das Schüchternsein
schwand dahin von ganz allein.

So ließ er es sich nicht nehmen,
seine Haarpracht neu zu zähmen.

Als die Mutter ging spazieren,
sah sie ihren Sohn flanieren:
Mit Tonsur und Blümchenkleid,
Mutter war gar nicht erfreut.

Doch was hatte sie vergessen?
Pubertät kann furchtbar stressen.

Tanzvergnügen

Der Winter zeigt sich kalt und weiß,
Schneeflocken wirbeln hell und leis.
Gebannt schau ich durchs trübe Licht
und traue meinen Augen nicht.
Die Kamera raus, das wird ein Bild,
vier Pferde seh ich tanzen wild.

Am nächsten Tag im Sonnenlicht
trau wieder meinen Augen nicht.
Die Pferde stehen noch so da,
wie ich sie gestern tanzen sah.
Es dämmert mir, hier auf dem Feld
hat man Kunstpferde aufgestellt.

Treibsand

Ist sie abends mal allein,
schaltet sie den Bildschirm ein.
Spannung, Krimis mag sie sehr,
zappt sich durch, so hin und her.

Stopp, ein Dolch trifft einen Mann,
der sich nicht mehr wehren kann.
Schweigend, blutend liegt er dort,
sie zappt schleunigst sich jetzt fort.
Sieht eine Verfolgungsjagd,
Überholen scheint gefragt.
Zack, ein Auto explodiert,
Mörderisches ist passiert.

Plötzlich fühlt sie sich allein,
müssen diese Bilder sein?
Grimmig starrt sie auf die Glotze,
aus, vorbei mit dem Gemotze.
Gleich wird sie am Schalter drehn,
Ruhe spüren, oh, wie schön!

Wieder fühlt sie sich allein,
doch das Chaos muss nicht sein.

Trotzdem

Der alte Mann, der Nikolaus,
sah in Berlin nicht fröhlich aus.
Die Politik verschob sich grad,
die Rebellion blieb klein und fad.

Wahlversprechen tauchen unter –
Hackfleischtheorie winkt munter,
endet in dem „falschen Hasen" –
Scheinmanöver lassen rasen.

Der Nikolaus schrieb sehr empört –
an die Regierung, was ihn stört:

„Eure Kinder lassen hoffen,
ihr jedoch macht mich betroffen.
Sehe eure Winkelzüge,
sehe manche dicke Lüge.
Werde euch die Rute schenken –
auch für kleinkariertes Denken."

Tage danach konnte man sehn:
Nichts war geschehn.

Über(flüssig)

Diplomaten reden gerne
über Umwelt, Hoffnung, Sterne.

Voll bepackt mit Fremdwörtern
glänzen sie so lebensfern.
„Harmonie gewürzt mit Curry,
Exponenten, Konkurrenten,
Katastrophen, Philosophen,
großer Gage folgt Blamage."
Schnipsen mit dem Fingernagel,
alles fort im Blitzlichthagel.
Endlich kann man sie bestaunen,
ihren Frohsinn, ohne Launen.

Jedermann weiß, ihre Reden
sagen alles über jeden.

Un(gleich)gerecht

Wenn ein Manager macht Schmu,
sich bereichert noch dazu,
kriminelle Energie
wird geplättet irgendwie.
Seht, so einen großen Mann
fasst man besser freundlich an.

Wehe, wenn ein kleiner Mann
im Besitz sich hat vertan!
Klaute Anzüge aus Cord,
schaffte Oberhemden fort.
Welch Geschrei und welch Gezeter,
U-Haft folgt, dann etwas später
klingt das Urteil hart, gerecht:
In den Knast, der Mensch ist schlecht.

Moral:
Bist du arm, hast du es schwer –
allem läufst du hinterher.
Bist jedoch du etwas reich –
läuft es für dich butterweich.

(Un)verstanden

Das Bochumer Denkmal, genannt „Terminal",
errichte von Serra aus rostigem Stahl.
Die Platten sind lose zusammengefügt,
am Hauptbahnhof steht es, wie wurd es gerügt.
Zu sperrig, zu teuer, die Bürger aufschrien,
den Kauf dieser „Kröte" sie niemals verziehn.

Als Wahrzeichen ragt es mit Platten aus Stahl,
sie zeigen die Wurzeln von unsrem Ruhrtal.
Die Form des Trapezes wirkt etwas grazil,
Experten, sie loben das Denkmal, den Stil.
Die Kämmrin sprach neulich, geziert und kokett,
vom Wert, der sich bisher verselbstständigt hätt.
Doch das ist dem Bürger zu ziemlich egal,
er spricht vom „Schrotthaufen", zu teuer, fatal.

Ver(k)ehrter Strand

Früh am Abend leuchtend geht die Sonne auf,
große Fische fliegen in ein Boot hinauf.
Vögel jagen singend überm Meeresgrund,
Surfer rasen aufwärts durch die Morgenstund.

Die Familie picknickt liegend unterm Tisch,
Vater stemmt zu Nachtisch rohen Dosenfisch.
Mutter tunkt den Kaffee in das Hörnchen ein,
in die Müslischale schwimmt das Kind hinein.

Jäger traben rückwärts an dem Strand entlang,
Hasen mümmeln Gras auf der versunknen Bank.
Möwen jagen bellend hinter Hunden her,
Muscheln rauschen paddelnd durch die Luft am Meer.

Mitternacht die Sonne hoch am Himmel steht,
auf dem Strand ein Drache große Punkte dreht.
Unten auf den Wolken hält ein Mann das Band.
Lügen sausen langsam über Meer und Sand.

Verdreht

Als kleine Hexe Wackelzahn
will ich es krachen lassen:
Her mit dem Besen und dem Hut,
der Blase, die gefüllt mit Blut,
darf Dracula nicht verpassen.

Hui, heute bläst ein Hexenwind,
macht Platz ihr blöden Geister,
beschmier euch sonst mit Kleister.
Ach nee, verspritz nur Blut geschwind.

Hui, wie das fließt, hui, das macht Spaß,
die Geister werden richtig rot,
staunend verblasst das Abendrot.
Doch plötzlich vor mir, was ist das?

Ich stoppe schnell, Panik bricht aus:
Die Geister liegen auf der Lauer
wie eine rote Mauer.
sie zischen laut – ich will nach Haus!

Oh je, jetzt wird es richtig still.
Mir graust, vor mir ein helles Licht,
ein Engel! Oh, den mag ich nicht.
Ich dreh mich um, flüchten ich will.

Die Blase fällt mir aus der Hand.
Was jetzt passiert, das ist gemein:
Rot sollten nur die Geister sein.
Die lachten schrill, eh ich verschwand.

So ist's nun mal im Hexenleben,
manch Einsatz geht manchmal daneben.
Doch euch wünsch ich mehr Glück heut Nacht,
wenn Halloween sich voll entfacht.

Vergangen

Sommer, wo bist du geblieben?

Deine Wärme strahlt nicht mehr.
Deine Blumen sind verblüht.
Deine Düfte längst versprüht.
Schwalbennester bleiben leer.

Stürme haben dich vertrieben,
Sommerträume sind geblieben.

Vergessen

Sie summt ein Lied, man sieht ihr an,
der Tanz hält sie in seinem Bann.
Sie wiegt sich hin, sie wiegt sich her,
die Alltagslast spürt sie nicht mehr.

Nach vorne schwebt der bloße Fuß,
die rechte Hand formt einen Gruß.
Sie dreht herum mit großem Schwung,
sie fühlt sich frei, sie fühlt sich jung.

Vergessen ist die schwere Zeit,
vergessen ist das große Leid.
Ihr Tanz weckt neue, eigne Kraft,
mit der sie viele Ziele schafft.

Verloren

Das Frühjahr kam, da sah sie klar,
dass sie zu dick vom Naschen war.
Die Kilos raubten ihr den Schlaf,
deshalb sie die Entscheidung traf:

Missionieren – fabulieren,
nicht probieren – mehr marschieren.

Der Hammer war: Zwar wurd sie schmal,
dem Liebsten leider war's fatal,
so er sich bald von dannen stahl.

Moral:
Meist schenkt die Schwäche Sympathie,
die Stärke ängstigt irgendwie.

Vertrieben, Limerick

Einst nagten Wühlmäuse bei Hagen,
ein Gärtner wollt das nicht ertragen.
Ein Hypnotiseur,
der schaffte Abkehr,
jetzt hört man die Nachbarn laut klagen.

Verzockt, Limerick

Es lebte ein Mann einst auf Rügen,
er glaubte, er könnt gut betrügen.
Er zockte sehr viel,
verlor Spiel für Spiel,
die Spielbank sah das mit Vergnügen.

Verzwickt

Man weiß von ihm, er schneidet auf,
doch heute ist er nicht gut drauf.

Wie eine Stecknadel er sucht
sie überall, dabei er flucht.
Misstrauisch hält er plötzlich ein,
sie wird doch nicht gestohlen sein?
Das ist kein Witz, nicht inszeniert,
er bleibt jetzt stehn, wirkt irritiert
und merkt, er dreht im Kreise sich,
doch wonach sucht er eigentlich?

Sein Spiegelbild ihn rasch belohnt:
Die Brille auf dem Kopfe thront.

Vincent van Gogh

Du stehst ganz hoch in meiner Gunst,
du warst es, der mich trieb zur Kunst.
Mehr Bilder wollt ich von dir sehn,
besuchte deshalb die Museen.
Von deinem Leben las ich dort,
von deinem Streben nach dem Ort,
an dem du glücklich wolltest sein,
du maltest viel, du bliebst allein.

Am Anfang herrschte Dunkelheit,
maltest die Menschen und ihr Leid.
„Kartoffelesser" fällt mir ein,
das karge Mahl im Lampenschein.
Nach Arles du gingst und warst erpicht,
zu finden Wärme und das Licht.
„Die Sonnenblumen" deuten an,
ein völlig neuer Stil begann.

Die Farben leuchtend, klar zu nehmen,
ganz zart bei deinen Frühlingsthemen.
Grell grün, tiefblau und schwarz mit lila,
so stelltest du Bedrohungen dar.
Dein Pinselstrich sei noch zu nennen,
typisch van Gogh kann man erkennen.
Gerade, rund und oft ganz wild,
verliehst du Leben und Kraft dem Bild.

Mit „Mittagsrast" auf einem Feld
hast du die Sommerzeit gewählt.
Dein Freund, der Arzt „Dr. Garchet",
saß dir Modell für sein Portrait.
Ein Aufschrei ward dein letztes Bild,
Natur und Seele kämpften wild
gegen die Krankheit und die Not,
die Raben wiesen auf den Tod.

Dein Bruder Theo sorgte für dich,
von seinem Lohn er alles beglich.
Zehn Bilder kamen nur zum Verkauf,
er hob die Werke und Briefe auf.
Du schriebst vom Malen und deiner Not,
am Ende blieb dir nur der Tod.
Auch Theo später starb in Gram,
ihr hattet nur euch, ihr bliebt ganz arm.

Doch dann kam die große Stunde,
da warst du in aller Munde.
Du wurdest Vater der Modernen,
von dir kann jeder Maler lernen.

Die Sehnsucht nach deinem Werk bleibt groß,
fürchte mir fehlen die Scheine bloß.
Die Wand bleibt leer, es folgt der Entschluss,
dass ich dich wieder aufsuchen muss.

Vorbei

An einem Tag Ende August
ging ich am Meer entlang.
Mit jedem Schritt war mir bewusst,
etwas ringsum versank.

Ein Sturm tobte über dem Land,
Wolken jagten umher,
vor mir am Strand wehte der Sand,
tosend brauste das Meer.

Zugvögel flogen über mir,
laut tönte ihr Geschrei,
Sonne und Wärme schwanden hier –
Sommer, er war vorbei.

Wahlk(r)ampf

Rauchig war's, laut schwieg der Sprecher,
polternd roch man seine Qual.
Er zerfiel als lieber Rächer
in die Pfütze seiner Wahl.

Steuern ließ er brennend fallen,
auch Gesundheit schwamm vorbei,
Bildung zeigte stumpfe Krallen,
Wirtschaft schlug sich selbst zu Brei.

Rauchig war's, laut schwieg der Sprecher,
formte ziellos die Partei.
Alle wurden liebe Rächer,
er ertrank im Geld dabei.

Wahlspektakel

Hab den leckren Duft gerochen,
Linsensuppe gibt es dort,
brauche heute nicht zu kochen,
Rote machen das vor Ort.

Bunte Fahnen, Transparente,
Schwarze reichen Obstsalat,
Grüne Nudeln, leicht al dente,
Gelbe halten Saft parat.

Sehe Menschen Runden drehen,
Reden tönen pausenlos,
wer will das hier nur verstehen,
mir gefällt das Essen bloß.

Wandern zum Ich

Im Schwarzwald möchte ich sogleich
die Wanderlust erleben.
Vom Höllental zum Himmelreich
will ich nach oben streben.

Die Fichten schützten wie ein Dach
vor Sonne, Wind und Regen.
Ich steige hoch, dem Wege nach,
da stellt sich mir entgegen:

Mein Schweinehund, nichts ist mehr schön,
hör mich nach Atem ringen.
Die Füße wolln nicht weiter gehn,
muss langsam ihn bezwingen.

Vor einer Biegung bleib ich stehn,
leis wage ich zu hoffen,
gleich wird es nur noch abwärts gehn,
doch dieser Wunsch bleibt offen.

Ins Gasthaus kehr ich freudig ein,
streck meine müden Glieder,
den Geist belebt ein Gläschen Wein,
so wächst die Kraft mir wieder.

Danach es nur noch runter geht,
ganz taub sind meine Beine,
das Himmelreich hoch droben steht,
ich spür, ich komm ins Reine.

Weg von hier

Wenn alles nur nach Jauche stinkt,
die Stimmung auf den Nullpunkt sinkt.
Wenn uns ein Unwetter bedroht,
der Himmel zeigt sich schwarz und rot.
Und wenn ein Kind nach Atem ringt,
den Gänsen nicht der Marsch gelingt,
dann muss ich schnellstens hier entfliehn,
auf meine Insel will ich ziehn –
genießen voll den Sonnenschein,
frei atmen, schreiben, für mich sein.

Werd nicht verraten diesen Ort,
sonst wärt ihr sicher alle dort!

Weihnachtlicher Wörtertanz

Weihnachtszeit ist angekommen,
Weihnachtsbräuche übernommen.
Weihnachtszimmer bunt erstrahlt,
Weihnachtsbaum wirkt wie gemalt.
Weihnachtsdüfte, Lichterglanz,
Weihnachtsschmaus, die Weihnachtsgans.
Weihnachtsgaben sind verteilt,
Weihnachtsfreude hier verweilt.
Weihnachtslieder froh ertönen,
Weihnachtsbotschaft heißt versöhnen.

Weihnachtliches auf Papier,
Weihnachtsgrüße send ich hier (dir).

Weihnachtsschmaus bei uns zu Haus

Oh, welch köstliche Gerüche
strömten aus der Weihnachtsküche.
Gänseschmalz und Zimtsterne
aßen wir als Kinder gerne.
Der Hund Petzi, der Kater Pit,
die schmachteten und litten mit.

Als Mutter frisches Brot mit Schmalz
uns reichte und dazu das Salz,
begannen wir sogleich zu essen,
die Tiere hatten wir vergessen.

Doch plötzlich hörten wir Gebell,
zur Küche liefen wir ganz schnell.
Ein seltsam Bild uns dort empfing:
In Pits Maul eine Knackwurst hing.
Er thronte oben auf dem Tisch,
davor der Hund kläffte neidisch.
Sekunden später sprang der Pit
vom Tisch und zog zehn Würstchen mit.
Am Bändel hingen sie doch dann
die wilde Jagd auf ihn begann.

Wies weiterging, das wollt ihr wissen?
Könnt's Christkind dafür heut noch küssen.
Es wärmte auf Kartoffelsalat,
mit Wurstemus in Senf gegart.
Pitt und Petzi hatten nur Durst –
schuld war sicher die scharfe Wurst.

Weiß wie ...

Kalt blies im Februar der Wind,
trieb weiße Flocken vor sich her.
Die tanzten, wurden immer mehr,
das Land versank im Schnee geschwind.

Ein Flöckchen hielt sich ganz allein,
es tänzelte, es wiegte sich.
Den andern es geschickt auswich
es wollte nie Schneedecke sein.

Weiter der Wind gen Süden blies,
das Flöckchen taumelte verzückt.
Die Neugier machte es verrückt,
bis es an seine Grenzen stieß.

Die Wärme fraß am Schneeflöckchen,
in einem Garten es verschied.
Aus seinen Tropfen rasch erblüht:
Das erste zarte Schneeglöckchen.

Werteverlust, Limerick

In Talkshows wird stets hart gestritten,
meist über den Schwund guter Sitten.
Und alle Experten,
die sprechen von Werten,
die ihnen schon längst sind entglitten.

Wintertraum

Winter, wenn ich an dich denke,
spüre ich, mir wird gleich kalt,
sehe Blumen als Geschenke,
die ans Fenster sind gemalt.

Weißes Glitzern ist dein Zeichen,
Flocken treiben wild umher,
laut du stöhnst und willst nicht weichen,
Stürme jagen übers Meer.

Hier so lässt du dich nicht blicken,
Tränen sendest du statt Schnee,
milde Lüfte dich verzücken,
ohne Eis wellt sich der See.

Ich schreck hoch, ich mach mir Sorgen,
zahnlos wirkt dein harter Mund,
schenke Kälte wieder morgen,
Winter, werde bald gesund.

Wohlige Last

Du fühlst dich wohl, so leicht beschwingt,
ein warmer Hauch dich tief durchdringt.
Fantastisch sieht es draußen aus,
du willst ihn sehn, du gehst hinaus.
Die große Hitze spürst du nicht,
verzaubert siehst du sein Gesicht.

Neben dir hörst du Wehgeschrei:
„Ach, wär der Sommer schon vorbei!"
Da lachst du auf, bleibst plötzlich stehn,
Eis essen, wäre das jetzt schön.
Fühlst dich gedopt, so leicht beschwingt,
ein warmer Hauch dich tief durchdringt.

Wunschzettel

Liebes Christkind schreibe dir,
meinen Wunsch hier auf Papier.

Brauchst nicht sorgen, will nicht viel,
keinen Player und kein Spiel.
Handy nicht und Telefon,
auch ein Laptop hab ich schon.
Brauche keine coolen Waren,
an mir kannst du richtig sparen.
Nur den einen Wunsch ich hätt,
liebes Christkind sei so nett,
schenk mir einen Kuschelbär,
groß und lieb, wie schön das wär.

Bring ihn heute noch am besten,
möcht sein Kuscheln gleich austesten.

Zieh vorbei …

Sommerträume sind vergangen,
dafür Tiefs zu uns gelangen:
Regenschauer prasseln nieder,
plötzlich kommt die Kälte wieder.
Stürme lassen's richtig krachen,
Dunkelheit und Nebel machen
ängstlich uns mit diesem Bild,
ja, November, du bist wild.

Werden trotzdem nicht verzagen,
gleichwohl uns nach draußen wagen,
werden dort spazieren gehen
und auch Freunde wiedersehen,
auf dem Weihnachtsmarkt wir dürfen,
endlich heißen Glühwein schlürfen.

Ach, November, ist das schön,
wenn wir dich von hinten seh'n.
Eil davon und sei ein Schatz,
mach der Weihnachtszeit jetzt Platz.

Zum Ausklang:

Es ist angerichtet

Sie haben sicher schon gehört,
Ihr Leben läuft total verkehrt,
die Werbung dieses gut erklärt:
„Wer viel verzehrt, wird hoch verehrt."

Stille meiden,
top sich kleiden.
Feste feiern,
kräftig geiern.
Würstchen grillen,
Bierdurst stillen.
Linie retten,
Falten glätten.
Auto fahren,
Niemals sparen.
Sich nicht schämen,
Kredit nehmen.
Witze machen,
lauthals lachen.
Nie verzagen,
Werbung fragen!

Naht trotzdem ein großer Stillstand?
Sie stehn erstaunt vor einer Wand?
Dann nehmen Sie dies Buch zur Hand
und lesen nach, was ich erfand.

Inhalt

168

Heike Wiezorek

Jahrgang 1941. Sie hat zwei Söhne. Erst mit 60 Jahren fand sie ihre Neigung zum gereimten Gedicht. Es entstanden die Bände: „… nur der Maulwurf stört die Pracht", „Ein leichtes Sehnen stellt sich ein" und „Anekdoten treiben Blüten …". Zuletzt legte sie den Band „Frisch aus der Feder. Kurzgeschichten querbeet, gewürzt mit Humor" vor. Zuvor erschienen bereits zwei Geschichten in der Anthologie „Gans in Buchstabensuppe, eingeschlagen in Silberpapier. Weihnachtliche Geschichten". Die Erzählung „Ziemlich beste Freundinnen" erschien in dem Band „Statt Blumen grüne Stielblüten". Außerdem findet sich die Geschichte: „Das Mädchen Klara" in dem Band „Hauffs Märchen Update 1.1" herausgegeben von Charlotte Erpenbeck.

Buch bestellen: h.wiezorek@gmx.de

Homepage: http://www.heikes-reimkueche.com

Seltenes spüren

Gedichte

Ulrich Grasnick, Elisabeth Hackel, Günter Kunert, Marko Ferst, Dorothee Arndt, Charlotte Grasnick u.v.a.

268 Seiten, 2014

Erleben Sie den Inkafrühling in Peru. Versunkenen ägyptischen Schätzen wird nachgespürt. Monets Garten lädt ein und dem Duft einer französischen Bäckerei folgt ein Gedicht. Der Berliner Dom spiegelt sich nicht mehr im Palast. Zahlreiche surreale Gedichte enthält der Band, vereinzelt auch gereimte. Ein Besuch bei Heine steht an, versteckt liegt sein Denkmal. Den Szenarien der Krieger geht ein Lyriker auf den Grund, von weidwundem Land berichtet ein Gedicht für die Erde. Letzte Bienenwagen kommen in den Blick, Ausflüge führen ins Känguruland. Die Sonnenpost läßt uns Entfernungen vergessen. Der vorliegende Band ist eine Gedichtsammlung des Köpenicker Lyrikseminars und der Lesebühne der Kulturen Adlershof. Gäste wurden eingeladen. Grafiken von Dorothee Arndt illustrieren den Band. Das Lyrikseminar existiert seit 1975 und publizierte bereits mehrere Anthologien.

Leseproben: www.umweltdebatte.de
Bestellung: marko@ferst.de (dt. Porto frei)

Jahre im September

Gedichte und Erzählungen

Marko Ferst

Edition Zeitsprung

Jahre im September

Gedichte und Erzählungen

Marko Ferst

212 Seiten, Edition Zeitsprung, 2017

Über Ostseeinseln wie Öland und Usedom streifen die Gedichte. Sie führen in die schwedische Schärenstadt sowie nach Buchara, Samarkand oder in den Ural. Magische Ausflüge in die Natur und Tierwelt tauchen auf. Gedichte zu Musik, Literatur und Malerei reichern diesen Lyrikband an. Unter die Lupe genommen wird der Drang der Regierenden, uns mehr und mehr auszuspionieren. Kritik zieht das gescheiterte Afghanistan-Abenteuer auf sich, das syrische Totenfeld wird umrissen. In Bangladesch zeichnen sich weitere Landnahmen des Meeres ab, Wasserstände, die mit unserem verschwenderischen Lebensstil im Norden verbunden sind. Sondiert wird, warum unsere Zivilisation ökologisch zu scheitern droht, sich längst im Spätstadium befindet. In der Arktis zeigt sich, wie weit das Vorspiel zum Klimaumsturz schon gediehen ist. Spitzbergen archiviert unsere letzten genetischen Hoffnungen. Den Spuren und Abgründen einer mysteriösen Krankheit wird nachgegangen. Der Band enthält zwei Erzählungen - eine arktische Begegnung zwischen weißen Raubtieren und einen Blick in das sowjetische Speziallager Sachsenhausen.

Leseproben: www.umweltdebatte.de Bestellung: marko@ferst.de

Frisch aus der Feder

Kurzgeschichten querbeet, gewürzt mit Humor

Heike Wiezorek

140 Seiten, 2020

Erleben Sie einen Urlaub an der holländischen Küste. Heimlich organisiert der Ehegatte eine Geburtstagsfeier, doch seine Frau flirtet für einen Moment mit einem anderen Mann, kann sie sich doch so einiges nicht erklären. Ein Spukhaus fördert ungeahnte Geheimnisse zutage. Ist es ein Aprilscherz oder doch ein Banküberfall? „Lust auf mehr" gibt so einiges über das Liebesleben preis. Der Herrgottsdackel sucht nach neuen Opfern, wen wird es treffen? Eine Maus in der Küche, die die Enkel heimlich mitbrachten, versetzt eine Oma in Panik. Heike Wiezorek schrieb bisher schon drei Gedichtbände. Auf Wunsch ihrer Kinder entstand nun ein Band mit Kurzgeschichten: spannende Krimis, humorvolle Fabeln, nachdenklich machende Erinnerungen an die Nachkriegszeit und Berichte über Reiseabenteuer. Lustige Oster- und Weihnachtsgeschichten runden das Ganze ab.

Leseprobe: www.literaturpodium.de
Buch bestellen: h.wiezorek@gmx.de

In der Maskenzeit

Gedichte

Hanna Fleiss, Peter Frank, Regina Jarisch u.v.a.

356 Seiten, 2021

Ganz schnell brach die Zeit der Masken an. So manchen warf sie aus der Bahn, nicht jeder kam heil aus den pandemischen Wirren. Die Gedichte führen in unser Nachbarland Tschechien, ein Besuch in Prag wird abgestattet. Friedenslinien in Nordirland kommen in Sichtweite. Der Leuchtturmwärter steigt die Stufen hinauf. Ungelebtes Leben rückt an uns heran, die Ablagerungen nach versagten Freiheiten. In den Büchern stehen die Namen von Königen, vom Scheitern wird zu wenig geredet. Rote Listen wachsen, welche Vögel kommen noch einmal zurück? Göttinnen unter sich zelebrieren ihre Auren. Weltenschach wird gespielt. Die Kompassnadel der Weißen Rose stellt Fragen: Was muss heute Orientierung sein? Glückstage schneiden sich ein, sanfte Umarmungen, Küsse. Die Spinnenverstecke finden sich nach dem Winter.

Leseproben: www.literaturpodium.de

Aktuelle Bücher

Peter Frank, Edda Gutsche, Joachim Gräber u.v.a.
Brandenburger Landschaften. Gedichte (340 Seiten)
Heike Streithoff, Volker Teodorczyk, Carsten Rathgeber u.v.a.
Pinselstriche, Klavier und Kunst. Gedichte (404 Seiten)
Elisabeth Gehring, Bruno Rauch, Carsten Rathgeber u.v.a.
Auf der Halbinsel. Rote Erzählungen und Gedichte (420 Seiten)
Dieter Nell
Ferngelenkt von zarter Hand. Frauen, Männer, Sensationen. Illustrationen: Giedrë Avard (128 Seiten)
Kerstin Werner, Ulrich Straeter, Gabriele Schuster, Eline Menke u.v.a.
Auf Pfaden im Regenwald. Grüne Erzählungen und Gedichte (424 Seiten)
Mio Mandel, Christine Zeides, Magnus Tautz, Manfred Burba u.v.a.
Sommerfrühstück. Erzählungen und Gedichte (436 Seiten)
Marko Ferst
Republik der Falschspieler. Gedichte (172 Seiten, Edition Zeitsprung)
Lena Kelm
Manchmal dauert ein Weg ein Leben lang. Vom Gulag nach Berlin (248 Seiten)
Hanne Strack
mutmachrot. Gedichte (128 Seiten)
Rainer G. Gellermann
Zwischen Zaun und Birke. Gedichte und Prosa. Illustrationen: Alena Steinlechner (100 Seiten)
Rainer Daus
Die Jungfrau aus dem Norden. Gedichte (124 Seiten)
Karin Posth, Benjamin Frech, Klaus Kayser, Peter Frank u.v.a.
Meere, Flüsse, Seen. Erzählungen und Gedichte (415 Seiten)
Heidi Axel, Werner Hetzschold u.v.a.
Tanz im Zwielicht. Erzählungen (420 Seiten)
Heike Gewi, Ingrid Baumgart-Fütterer, Karsten Beuchert u.v.a.
Der Palast im Orient. Märchen, Fantasie- und Kindergeschichten (364 Seiten)
Katharina Kutil
Rauch über Schloss Hartheim. Erzählung (172 Seiten)
Marko Ferst
Einzug in die Stille. Erzählung (112 Seiten)

Leseproben: www.literaturpodium.de Bestellung: wettbewerb@literaturpodium.de

Brücken ins Land

Erzählungen

Sabine Naumann, Marko Ferst, Elisabeth Gehring, Fritz Leverenz, Peter Lechler u.v.a.

376 Seiten, 2021

Von einer Hochzeit in den Jurten der mongolischen Steppe, grandiosen Landschaften wird erzählt. Ein Ausflug auf dem Dromedar in Saharadünen endet in den Fängen von Ganoven. Der Band enthält zahlreiche spannende Liebeserzählungen. Vom Schicksal eines Lehrers berichtet ein Beitrag, seine Frau kehrt von einem Kongress im Ausland nicht zurück in die DDR. Der Krieg in Syrien unterbricht das musikalische Üben eines Jungen, in Deutschland bekommt er eine neue Geige. Wie ein Kind in Brokdorf hineinwächst in die Anti-AKW-Bewegung, zeigt eine Autorin, bis hin wie die Polizei illegal Menschen einkesselt in späterer Zeit. Ein Gericht in Chile soll einen Brand klären, ein Lager mit Biberfallen fackelte ab. Ein Fliegermord soll aufgeklärt werden. Eine junge Frau, zur russischen Kommandantur beordert, gelangt unschuldig in ein Speziallager bei Berlin. Beim Schlachtefest kommt die Sache mit dem Schwein zur Sprache, das nach fruchtiger Kost ausnüchtern mußte.

Leseproben: www.literaturpodium.de